U0054871

四分溪畔讀史

陳三井　著

讀史論史不獨可以與古人神交，亦可以在歷史的太空世界遨遊冥想，更可以在歷史的象牙塔裡縱談古今，希望讀者通過這些看似枯燥或許尚堪玩味的舊作，共享「數千古風流人物，不亦快哉！」的忘我樂趣！

【代序】

寫在書前

寫書評難，寫有深度類似西方 Book Review 研究性的書評，更難。主要不是怕得罪人，也不是因為容易惹起筆墨官司，而是因為這兩者都非我所長。我喜歡買新書，隨意看書，舉凡史學、文學和傳記都有興趣涉獵，但卻很少把一本史學論著或文學作品，正正經經從頭到尾看完（金庸系列除外）。

我之所以留下這些半似書評、半似新書介紹的長短不一文章，主要與本身的工作有關，它們算得上是本行研究的一些副產品。何以故？在此稍作說明。

國史館在朱匯森先生擔任館長期間，有鑒於國內外研究中國近現代史的風氣很盛，出版的專著也不少，從民國 75 年（1986）起，乃約請治中國近現代史的學者專家，分就外文書籍和中共書籍，以學術客觀的立場與求真求實的公正態度，進行評論，我也是固定被邀參與評書者之一。後來國史館把這些書評每年彙集成書，以《中國現代史書評選輯》為題加以出版，前後共刊行二十六輯，我自己正好寫了 13 篇，大約兩輯一篇，收在本書中的則有 8 篇。這一部分的重點是既介紹原書又加評論，所評的幾位大陸學者，例如張憲文、王永祥、鮮于浩、李安山、楊玉聖等，後來都成為切磋論學的好朋友。

自民國 82 年（1993）4 月開始，筆者加入華僑協會總會為會員，該會有個會刊叫《僑協雜誌》，從年刊到半年刊以至季刊，出版時間並不固定。由於編排單調欠講究，內容枯燥缺少趣味性，並未受到會員的重視。等到民國 89 年（2000）梅培德先生接任理事長後，我忝為常務理事之一，與一群好管閒事的同仁覺得雜誌尚有改革進步的空間，可以把它辦得更活潑些。於是在梅理事長和朱紹宗秘書長全力支持下，首先成立一個編輯委員會，筆者不才，被推為召集人。自編委會成立後，我們除了吸取各方意見，陸續就編務、內容、版面、印刷等各方面進行重大改革外，並開闢「新書櫥窗」專欄，由我以「雙玉樓主」的筆名，不定期介紹新書，以饗讀者。最初選書的對象，配合協會的宗旨以華僑華人研究新著為主，以後漸及於中國現代史的研究專書和人物傳記，偶而亦涉及文學創作。收在本書的 22 篇，每篇文章不過三千字上下，既名為「新書櫥窗」，等於給海內外讀者提供一種書寫兩岸的資訊，其重點在介紹新書，而不在評論，幸讀者諒察。

以上兩類文稿，經林弘毅先生整理或重打或重排後，依專題性質混合編成四輯，它們是（一）近代史事與人物篇；（二）勤工儉學篇；（三）華僑華人篇；（四）回憶、傳記與文學篇。重讀舊稿，卑之無甚高論，不僅可讀性不高，且難登大雅之堂，惟個人常以為，讀史論史不獨可以與古人神交，亦可以在歷史的太空世界遨遊冥想，更可以在歷史的象牙塔裡縱談古今，希望讀者通過這些看似枯燥或許尚堪玩味的舊作，共享「數千古風流人物，不亦快哉！」的忘我樂趣，則余願足矣！

書名得自潘光哲兄的靈感，順此致謝！

四分溪是貫穿中央研究院心臟的一條小溪，以前遇洪水則氾濫成災，經整治後現已水波不興，且兩岸綠樹成蔭，晨起散步其間，聽蟬鳴鳥叫，俗慮全消；讀史其畔，亦怡然自得。是為序。

陳三井　於四分溪畔

2010.08.20

目　次

代序　寫在書前 i

輯一　近代史事與人物篇

白吉爾等編《廿世紀的中國》（上） 3

黃宇和：《孫逸仙在倫敦——三民主義思想的探源》 12

李金強：《一生難忘——孫中山在香港的求學與革命》 16

張憲文等編《蔣介石全傳》（上、下） 20

楊天石：《找尋真實的蔣介石——蔣介石日記解讀》 35

陳紅民：《蔣介石的後半生》 41

墨西耶：《維琪面對蔣介石》 45

張戎：《毛澤東：鮮為人知的故事》 56

茅家琦：《蔣經國的一生和他的思想轉變》 63

林桶法：《1949 大撤退》 70

輯二　勤工儉學篇

王永祥：《中國共產黨旅歐支部史話》 79

鮮于浩：《留法勤工儉學運動史稿》 91

鄭名楨編著《留法勤工儉學運動》 107

黃嫣梨：《張若名研究及資料輯集》 121

輯三　華僑華人篇

李安山：《非洲華僑華人史》 127

李明歡：《歐洲華僑華人史》......138
黃昆章、吳金平：《加拿大華僑華人史》......143
李恩涵：《東南亞華人史》......146
曹雲華：《變異與保存—東南亞華人的文化適應》......150
許天堂：《政治漩渦中的華人》......154
陳鴻瑜：《中華民國與東南亞各國外交關係史》......160

輯四　回憶、傳記與文學篇

鄭曦原：《帝國的回憶：紐約時報晚清觀察記》......167
陳誠：《陳誠先生回憶錄—抗日戰爭》......171
邵玉銘：《司徒雷登與中美關係》......177
李潔明：《李潔明回憶錄》......183
楊玉聖：《中國人的美國觀——個歷史的考察》......188
李偉：《曹聚仁傳》......213
衣復恩：《我的回憶》......223
章詒和：《往事並不如煙》......229
沈君山：《浮生後記》......235
陳桂棣、吳春桃：《中國農民調查》......240

作者著作目錄......247

輯一

近代史事與人物篇

白吉爾等編《廿世紀的中國》（上）

書　　名：《廿世紀的中國（上）：從一個革命到另一個革命》（*La Chine au XXe siècle: d'une Révolution à l'autre, 1895-1949*）

主 編 者：白吉爾（Marie-Claire Bergère）、畢仰高（Lucien Bianco）、杜勉（Jürgen Domes）

出 版 者：巴黎阿爾特姆・法雅（Arthème Fayard）書局

出版時間：1989 年 9 月

頁　　數：正文 420 頁，附大事記、各章參考書目及人名索引等共 37 頁

一、前言

一般而言，法國對華的政治活動，比英、美消極，但其文化活動與對華研究，則在歐洲最著先鞭。法國自十九世紀開始，漢學的各種研究便在本國組織起來。1815 年法蘭西學院（Collège de France）開設「中國與滿洲語文講座」，因之人才輩出，大師繼起，並紛紛東來從事考古與田野調查工作。有名的漢學家，從沙畹（Edouard Chavannes, 1865-1918）、伯希和（Paul Pelliot, 1878-1945）、馬伯樂（Henri Maspero, 1883-1944）到葛蘭言（Marcel

Granet, 1884-1940）等人，莫不於清末民初之交相繼東來，堪稱絡繹於途。[1]

俗話說：「山不在高，有仙則靈。」降至今日，法國的近代現代中國史研究，雖不若北美地區人多勢眾，蓬勃發展，但因有幾位重量級的領導人物掛帥，腳踏實地的辛勤耕耘，故也能在這個領域裡爭得一席之地。

早在 1970 年代，法國的近代史學者便在巴黎大學教授謝諾（Jean Chesneaux）的倡導下，結合了當時兩位出身巴黎高等師院（Ecole Normale Superieure de Paris）的後起之秀——巴斯蒂（Marianne Bastid）與白吉爾（Marie-Claire Bergère），編寫了一部頗具開創性而且淺顯易讀的《近代中國史》（*La Chine*），[2]其書分為兩冊，第一冊從鴉片戰爭寫到中法戰爭（1840-1885），第二冊由中法戰爭寫到中國共產黨的建立（1885-1921）。

時隔二十年，在謝諾因故已封筆並澈底告別史學圈後，法國的近現代中國史研究不但未因此而變成絕學，相反的江山代有才人出，甚至擴大合作範圍，由畢仰高（Lucien Bianco）、白吉爾兩位國際知名的學者掌舵，聯合了兩位新秀——謝瑞爾（Yves Chevrier）與魏丕信（Pierre-Etienne Will），加上西德的杜勉（Jürgen Domes）等人，合撰了這一部體例更完備、內容更豐富、篇幅更浩大，也更具批判性的《廿世紀中國史》。

本書大抵以《劍橋中國史》（*The Cambridge History of China*）為寫作藍本，但野心無疑地比較小。該書共分二冊，上冊於 1989 年出版，敘 1895 年至 1949 年間史事；下冊於 1990 年出版，敘 1949 年至今日的歷史。在此，先評上冊，也即 1949 年以前的歷史。

---

1 陳三井，〈法國前總理班樂衛訪華之行的意義〉，參見《近代中法關係史論》（三民書局，1994），頁 219-220。

2 M. Bastid, M. C. Bergère, J. Chesneaux, *La Chine*, Hatier Université, Tome 1, 1969; Tome 2, 1972.

二、內容概要及其主要論點

本書除序論（Préface）與結論（Epiloque）外，共分三大部分，即第一部分「遺產」（l'héritage），第二部分「革命中的中國」（La Chine en Révolution），第三部分「社會與文化」（Société et Culture），都十二章。茲將各章撰稿人及內容重點，扼要介紹並說明如次。

序論由白吉爾執筆，她是巴黎第三大學暨社會科學高等學院（Ecole des Hautes Etudes en Sciences Sociales）教授。氏專攻資產階級與上海，著作量多且均獲得甚高評價，重要代表作有《上海錢莊的危機》（*Une Crise Financière à Changhai à la Fin de l'Ancien Régime*）、《中國資產階級與辛亥革命》（*La Bourgeoisie Chinoise et la Révolution de 1911*）、《中國資產階級的黃金時代》（*L'Age d'Or de la Bourgeoisie Chinoise, 1911-1937*）、《從一九四九到今日的中華人民共和國》（*La République Populaire de Chine de 1949 à Nos Jours*）等大著。在長達九頁的序論中，作者對近代中國史提出宏觀式的看法與充滿智慧的警語。白氏認為，廿世紀的上半葉，對中國而言，是一個充滿擾攘不安的年代；整體而論，更是一個嚴重衰頹的年代。溯自甲午戰爭至 1949 年這一段期間，中國內憂外患紛至沓來，除連綿不斷的外患外，內有層出不窮的民變、軍事對抗、派系鬥爭與國共衝突等動亂。1949 年中共的勝利，意味著官僚式的農村力量壓倒了買辦式的「口岸文明」（civilisation de la côte）的力量。

第一部分的「遺產」，即傳統部分。歷史有其連續性，講近代而能追溯傳統，才能看出變革之由來，這是令人擊掌的安排。此部分共分兩章，第一章題為「從穩定的年代到制度的危機」（de l'Ere des Certitudes à la Crise du Système），第二章為「叛亂的年代與流產的近代化」（L'Ere des Rebellions et la Modernisation Avortée）。「穩定的年代」與「不確定的年代」(The Age of Uncertainty)是一種相對的說法，一時甚囂塵上，後者語出當代最有影響力的經濟學家、哈佛大學教授加布雷斯（J. K. Galbraith)，他在 1977 年所著的《不確定的年代》一書中，曾特別強調：客觀的經濟現實，很難以主觀的理論或主義加以限定。猜想作者的標題靈感或許得自於此。

第一部分的兩章，均由社會科學高等學院的中國中心共同主任魏丕信主撰。魏氏專攻明清史，在文中特別指出，盛清之後的 1770 年可以說是中國擾攘不安的一個分水嶺。大約自 1780 年至 1850 年間，中國在經濟、政治、軍事各方面都出現了若干重大的變化，構成衰頹的開始。其犖犖大端者有：

(一) 人口的快速增加——自 1770 年的 1 億 5 千萬到 1850 年的 4 億 2 千萬，驟增了幾乎三倍，其間由於水災、旱災、飢荒的相繼肆虐，造成百姓流離失所，遂有大批流民出現，於是盜匪叢生，民變頻仍，社會跟著動盪不安。

(二) 國家的危機——自 1850 年至 1877 年，中國經過長期的全國性與局部性的變亂後，除人民直接蒙受災害外，同樣造成正規軍的沒落（八旗軍空有其名，綠營驕頑腐窳），代之而興的為地方練勇，即湘軍與淮軍。清朝的統治雖賴湘、淮軍得以苟延殘喘，但其中央權力已日益削弱。

(三) 改革運動——由於鴉片戰爭的失利，有識之士如魏源、林則徐等人已提出「師夷長技以制夷」之論，模傚西人自製船砲。但戰敗的中國，處處顧慮，卒成一時紙上空談。

(四) 經濟的衰退。

第二部分「革命中的中國」，共分六章，即第三章至第八章，述 1895 年至 1949 年間的政治、軍事與外交。第三章「從改革到革命」(des réformes à la révolution, 1895-1913)，由中國中心共同主任謝瑞爾執筆。謝氏出身聖克盧（Saint-Cloud）高等師範學院，著有

《近代中國》（*La Chine Moderne*）一書，並與畢仰高教授合編《國際職工運動傳記辭典》（*Dictionnaire Biographique du Mouvement Ouvrier International*）。在本章中探討了甲午戰爭、洋務運動、拳亂、知識分子與革命、二次革命等重要課題。第四章「軍閥與國民革命」（seigneurs de la guerre et révolution nationaliste, 1913-1927）。由畢仰高教授親自執筆。畢氏亦出身巴黎高等師院，其專著《中國革命的起源》（*Les Origines de la Révolution Chinoise*）曾譯成英文，在國際學術界甚獲好評，除與謝瑞爾合編上述《國際職工運動傳記辭典》外，著述不輟。本章述北伐以前史事，包括洪憲帝制、軍閥割據、五四運動、五卅運動、北伐、武漢政府等項目。第五章「南京十年」（la decennie de Nankin, 1927-1937），南京十年亦即黃金十年，由德國波洪（Bochum）大學東亞系的哈伯仙（Herman Halbeisen）教授負責，內容有九一八事變、中共倡亂、西安事變以及國民政府的各項政策與措施等。第六章「中國在戰爭中」（la Chine dans la guerre, 1937-1945），仍由畢仰高教授執筆，敘中國全面抗戰的情形，除檢討國民政府與中共的抗日外，亦分析汪精衛與日本合作的動機。第七章「內戰」（la guerre civile, 1945-1949）與第八章「中國的外交政策」（la politique étrangère chinoise）均由德國 Trier 大學政治學教授那特（Marie-Luise Näth）執筆。

第三部分的「社會與文化」，共分四章，即第九章至第十二章。第九章「農村社會」（la société rurale），亦由畢仰高教授執筆，分析農民境況悲慘的客觀因素及其自衛性的反應。第十章「經濟近代化與城市社會」（modernisation économique et société urbaine）由白吉爾教授負責撰寫，檢討口岸城市興起後的「口岸文明」與城市社會的分殊化以及走向民間社會（société civile）的過程。第十一章「政治思潮與西方影響」（le mouvement des Idées politique et l'influence de l'Occident），由柏林自由大學教授梅斯納（Werner

Meissner）執筆，除傳統思想外，並介紹了民族主義、自由主義、民粹主義（populisme）、孫文主義、社會主義、無政府主義、共產主義等思潮的發展情形。第十二章「文學與藝術」（littérature et art）由德國漢堡亞洲研究所研究員史泰格（Brunhild Staiger）主撰，敘述 1917 年至 1927 年間的文學革命，包括白話文運動、話劇的發展等。最後的結論，由畢仰高教授總其成，在長達二十頁的篇幅中，分析並檢討了中國共產黨贏得最後勝利的一些立即因素，畫龍點睛，構成本書的一大特色。

三、本書的優點和缺點

研究近代中國歷史的美國學者，尤其是研究西力衝擊以後階段的學者，先後曾以「挑戰——反應」、「近代化」以及「帝國主義理論」等三種不同的觀念架構來作批判性的檢討，這三種觀念架構皆以西方為中心，充滿歐洲人的觀點，使我們對十九、二十世紀中國的認識發生偏差。「挑戰——反應」架構將研究重心放在中國對西力挑戰的回應上，因而將一些並非純粹是對西方反應的發展，也解釋成確是如此。「近代化」或者「傳統——近代」的研究途徑，乃是將一種外在的純屬西方的變遷定義，強加在中國歷史之上。「帝國主義理論」的研究途徑，更容易陷入一個非歷史的圈套裡，以為受到西方（以及後來的日本）帝國主義干涉的中國歷史，原本是一個「自然」或「正常」的發展過程。以上三種典範都為歷史應該如何走向之類的西方假設所累；而且，西方人以往憑其狹隘的假設，認定何種改變才有重大意義，而視中國為一種停滯不變的狀態。[3]

[3] 柯保安（Paul A. Cohen）著，李榮泰等譯，《美國的中國近現代史研究》（台北：聯經出版公司，1991 年 4 月出版），導論，頁 XV-XVIII。

畢仰高、白吉爾等人合編的這本通論性史書，基本上在解釋中國歷史和近代化的發展時，大多係以自己的紮實研究做為基礎，並非以美國學者為馬首是瞻，也不隨便重拾美國人的一些牙慧或概念架構，這是本書的最大優點。

本書由於是一部集體性作品，在十二章中，共有八位作者撰寫，其分配大致是：

畢仰高教授撰寫三章，另加結論；
白吉爾教授撰寫一章，另加序論；
魏丕信教授撰寫一章；
謝瑞爾教授撰寫一章；
哈伯仙教授撰寫一章；
那特教授撰寫一章；
梅斯納教授撰寫一章；
史泰格教授撰寫一章。

而掛名主編之一的杜勉教授，並未參與上冊的撰寫；但在下冊則主撰兩章。可見在上冊的工作分配中，大抵以法國學者扮演比較重要的角色。合計畢仰高、白吉爾、魏丕信、謝瑞爾四位先生共撰七章，外加序論與結論，尤其畢仰高教授獨撰三章外加結論，可以說是幾乎獨挑上冊的大樑，真是難能可貴了。

集體性作品的優點是，可以依作者個人的專長各自發揮，呈現「星月爭輝」的效果；但缺點則是可能會流於體例不一或詳略有別，因為不能要求或期望每一位作者、每一個章節都達到同樣的水準，所以難免會有份量不平衡，甚至魚目混珠之事。

在短暫的時間內，想對一部厚達四百多頁數十萬字的大書作詳細而深入的評論，事實上不太可能。在此，謹擇其犖犖大端者及個人較有興趣部分，作一剪影式的評論。

整體而言，本書的章節安排，從清末到 1949 年大陸易手，僅用十二章，而傳統部分又已佔去二章，嚴格來說，全部只用十章，而且以六章談政治，四章論社會與文化，雖已能大略涵蓋重大歷史事件，但總覺掛一漏萬或意猶未盡之處仍在不少。相較於徐中約（Immanuel C. Y. Hsü）的《中國現代史》（*The Rise of Modern China*）[4]或張玉法的《中國現代史》[5]便可以發現有所偏與若干不足了。

第八章專論中國外交政策部分，可以說是全書份量較簡略而有待充實的一章。相對於紀業馬（Jacques Guillermaz）教授在下冊所撰的 1949 至 1990 年的中國外交政策，兩者便有功力上與材料方面的軒輊。同樣寫中國外交政策，紀教授先分析外交政策的目標、方法以及行動，再分別說明與工業先進國、發展中國家的關係，條理井然，資料豐富，令人印象深刻。而本章作者，除了敘事過於簡略並充滿西方人的觀點外，更重要的是遺漏。例如：談日本在巴黎和會前的外交佈置，竟未提及日美藍辛石井協定（Lansing-Ishii Agreement）。再如論中國戰時外交，也忽略了中國對新興國家的扶助，像對韓國獨立運動的協助，對越南復國運動的支持等，實在都有其歷史意義。

書中當然也不乏仁智互見，值得商榷之處。外國人研究中國問題，尤其政治方面的錯綜複雜關係，難免不無隔靴搔癢之見。本書頁 173，提到中共調停西安事變問題，僅只一筆帶過，事實上也頗多正反之見，似不能如此簡單化處理。畢仰高教授在結論中，分析共黨最後勝利的因素，此與郭廷以教授在《近代中國史綱》[6]中的

---

[4] Immanuel C. Y. Hsü, *The Rise of Modern China*, third edition (Hong Kong: Oxford University Press, 1983), 943 pgs.

[5] 張玉法，《中國現代史》（台北：東華書局，上下兩冊，1977 年 7 月初版），共 769 頁。

[6] 郭廷以，《近代中國史綱》（香港中文大學出版社，1979 年）。特別請參閱第十九章，「中國大陸政權的改變」。

檢討，也有見仁見智，焦點不重疊之處。當然，學術研究只要持之有據，言之成理，便可各說各話，不必強求一致了。

最後，有若干小瑕疵，順便一提。頁 224，提到民國 37 年的副總統選舉，候選人之一的程潛，英文拼音應為 Ch'eng Qian，而非 Chang Qian。頁 248，提到中國出席巴黎和會的代表顧維鈞，他當時是駐美公使，而非外交總長，外交總長是陸徵祥。

四、對本書的評價

本書的出版，在近代中國史研究上，是一件值得矚目的大事，因為它代表歐洲學界（以法國、德國為主）對近代中國史的看法和解釋的一個總結。透過這幾位教授典範式的詮釋，也勢將影響歐洲年輕一代的看法。這是我們不能不留意的。

儘管本書在某些章節上仍有其不足之處，在某些觀點上也有值得推敲的餘地；但整體而言，這仍是一本謹嚴、有貢獻，值得精讀的學術性著作。這也是迄今為止，法文版當中對近代現代中國史內容最豐富、最權威性的一本通論性著作。

（原載：《中國現代史書評選輯》，
第九輯，國史館編印，民國 81 年 12 月）

黃宇和：《孫逸仙在倫敦——三民主義思想的探源》

書　　名：孫逸仙在倫敦——三民主義思想的探源（1896-1897）
作　　者：黃宇和
出 版 者：聯經出版公司
出版時間：2007 年 8 月
頁　　數：598 頁
定　　價：新台幣 680 元（精裝）

一、倫敦——民主聖地、革命搖籃

英國人曾自誇說，無論太陽走到何處，都照著英國的國旗，這表示英國是一個一等殖民強國，它的殖民地遍布全球，無所不在。而倫敦卻是一個很有意思的地方。馬克思（Karl Marx, 1818-1883）在那兒構思了他的理論，雖然這種學說目前已經沒多少信徒了，但不能不承認它曾有過叱咤風雲的時代。甘地（Mohandas K. Gandhi, 1869-1948）是在倫敦受教育的，他的思想與行動改變了整個南亞的歷史。胡志明（Ho Chi Minh, 1890-1969）除了巴黎外，也曾旅居倫敦，回到越南就領導獨立運動。目前非洲各國的政治領袖，不少曾經在倫敦念過書，回國後不久即領導非洲的反殖民運動。孫逸仙曾在《建國方略：孫文學說》第八章〈有志竟成〉篇中自敘：「倫敦脫險後，則暫留歐洲（其實是倫敦），以實行考察其政治風俗，並結交其朝野賢豪，兩年之中所見所聞，殊多心得……予欲為一勞永逸之計，乃採取民生主義，以與民族、民權問題同時解決，此三民主義之主張所由完成也。」可見倫敦也是政治思想家汲取知識、構思理論的活水源頭。

二、作者和他的研究成果

本書作者為黃宇和博士，廣東番禺人，1946 年生，幼年隨家人遷居香港，先後就讀於牛頭角庇護十二小學、九龍華仁書院、香港大學。1968 年前往英國牛津大學深造，1971 年完成博士論文後留校任教。1974 年起受聘至澳洲雪梨大學擔任教職以迄於今。1978 年獲英國皇家歷史學院遴選為院士，2001 年獲澳洲社會科學院遴選為院士。

黃宇和教授除教學外，研究領域包括鴉片戰爭、太平天國、孫中山和近現代中國國際關係。筆耕甚勤，著作甚豐，其專著包括：*Yeh Ming-chen, Viceroy of Liang-Kuang, 1852-58*（兩廣總督葉名琛, Cambridge Uni. Press, 1976.）*Anglo-Chinese Relations, 1839-1860* (Oxford Uni. Press, 1983). *The Origin of An Heroic Image: Sun Yat-Sen in London, 1896-1897* (Oxford Uni. Press, 1986)（中文版書名：《孫逸仙在倫敦——從未披露的史實》，聯經公司出版。）*Deadly Dreams: Opium Imperialism and the Arrow War in China, 1856-60* (Cambridge Uni. Press, 1998).《中山先生與英國》（台北：學生書局，2005）等書，另有學術論文五十餘篇。

其中，《孫逸仙倫敦蒙難》、《中山先生與英國》和本書《孫逸仙在倫敦：三民主義思想探源》構成孫逸仙研究系列三書，可視為黃教授研究孫中山的畢生經典之作，其治學態度之一絲不苟兼用力之深，放眼今日華人世界鮮有人能出其右，故頗受兩岸學界之矚目和推崇。

三、重建歷史與分析歷史

本書內容主要分成兩部分：第一部分主旨在重建歷史，即通過文獻鑽研、實地考察及神遊冥想三重門徑，重建孫逸仙於 1896 年 11 月至 1897 年 6 月在倫敦之活動及交遊情形，使之接近史實的真面目。

如何重建歷史？作者採取了四個具體辦法：一、實地考察孫逸仙到過的每一個地方，翻閱倫敦報紙的每天報導與評論，並探索他見過的每一個人的生平資料；二、利用當時負責跟蹤他的私家偵探的報告以及他來往頻繁的人士（如康德黎夫人、南方熊楠）之日記，為孫逸仙旅居倫敦時期的每天活動做一個起居注；三、提供作者精心搜集或實地拍攝的珍貴圖片，讓讀者與孫逸仙「處於同一境界」，而能設身處地神遊冥想一番；四、搜集孫逸仙旅居倫敦期間的談話、書信、佚文、著作等，透過文獻的鑽研來還原歷史。

第二部分分析歷史，推論三民主義思想的形成過程與倫敦的密切關係。孫逸仙過去只是從言談中聽英國人說過英國民族的偉大與英國民族主義的威力，而印象並不深刻。這次在倫敦，孫逸仙觀看了英國為慶祝維多利亞女王登基六十週年所舉行的皇家大遊行和海軍檢閱盛況，不但親眼目睹了英國外表的強盛，而且親自體會了英國內在的強大——民族主義的威力。從此，他得到了某種啟發：要拯救中國，必虛構思一套適合中國國情的民族主義。

孫逸仙在倫敦時，參觀了倫敦蠟像館，瞭解約翰王簽署《大憲章》的歷史，也參觀了西敏寺，認識英國上下議院議政的制度，知悉當時英國的選民已經取得直接選舉或罷免一個政府的權力。但他不贊成英國的三權分立制度，他要創造一個名為「權」與「能」區分，集行政、立法、司法、考試和監察五權於一身的「萬能政府」。

孫逸仙除了博覽群書以豐富自己對民主的知識外，在倫敦期間曾先後參觀英國有關國計民生的種種成就和設施，其中包括皇家農業展覽館（Royal Agricultural Hall）、皇家植物公園（Royal Botanic Gardens, Kew, 簡稱 Kew Gardens）、自然博物館（The Natural History Museum）、倫敦動物園、水晶宮、南金星敦博物館（South Kensington Museum）、綜合工藝學院（Regent Street Polytechnic）、艾爾伯特碼頭（Royal Albert Dock）、蒂爾伯里碼頭（Tilbury Dock），他乘坐過英國白星公司（White Star Company）從紐約到利物浦的蒸氣船，他也乘坐過火車接觸到英國四通八達的鐵路網，在市區他出入所坐的不是專用出租馬車就是公共馬拉車，因此大感倫敦街道「車馬之盛、貿易之繁」。同時，孫逸仙在倫敦日常生活中所見到的貧富懸殊現象，觸及了他的靈魂深處，於是而有節制資本和平均地權的想法。

第三部份，作者進行反思，對孫逸仙所言「三民主義之所由完成」一語提出可能解釋：一、孫在倫敦期間，把民族、民權、民生等主義的思想都基本構思好了，過去沒完全想通的，現在也想通了，故說「完成」，所指乃完成的程度問題。二、三民主義當中，他抵英前已經構思好了民族主義和民權主義的基本思想，三民主義尚處於三缺一的狀態，俟抵達倫敦後「所見所聞」，啟發他把過去已經注意到的民生問題，透過思考後昇華到主義的層次，三者無所缺，故說「完成」，所指乃圓缺的問題。

總之，這不是一本旅遊倫敦的消遣之作，而是一本探索孫中山三民主義思想源頭的學術性專著。

（原載《僑協雜誌》，109 期，民國 97 年 3 月）

李金強：《一生難忘
——孫中山在香港的求學與革命》

書　　名：《一生難忘——孫中山在香港的求學與革命》
作　　者：李金強
出 版 者：香港孫中山紀念館
出版時間：2008 年 4 月
頁　　數：196 頁
定　　價：HK $95

「我在那裏渡過一生歡樂的五年。1892 年，我得到一張准許以內外科醫生行醫的文憑。」
孫中山：〈我的回憶〉（1911）

「我於何時及如何而得革命思想及新思想⋯⋯我之此等思想發源地即為香港。」
孫中山：〈在香港大學的演說〉（1923）

從以上兩段孫中山的回憶，大致可以瞭解，香港對於孫中山青年時期，特別是接受西式新教育和孕育革命思想的重大影響。這也是作者在本書中所要探討的兩個主軸。

過去，以孫中山革命為主題的專書，可謂車載斗量，碩果纍纍，但純然以香港一地為主角，透過新舊史料的探尋和解析，重新建構孫中山早年在香港求學生活及革命活動之歷程，進而探討香港在清季革命運動中的重要地位，殆以本書為最完整而有系統之作，且以李金強教授所論最為精闢。

李金強教授，籍隸福建，國立台灣師範大學歷史系畢業，澳洲國立大學哲學博士，現任香港浸會大學歷史系教授，香港歷史博物館和孫中山紀念館名譽顧問，著有《聖道東來——近代中國基督教士之研究》（2006）、《自立與關懷——香港浸信會百年史，1901-2001》（2002）、《區域研究：清代福建史論》（1996）、*A Brief Report on Conferences on China's 1911 Revolution: Two Important Issues, 1961-1982*（1987）等專著。

本書共分為五章，茲簡介其重要內容如下：

第一章　史料篇：孫中山及其師友關係。

共分三節，第一節介紹區鳳墀、王煜初兩位牧執師長與康德黎和孫中山的關係。1892 年，孫中山以最優異成績畢業於香港西醫書院，取得行醫的專業資格。7 月 23 日，由港督羅便臣爵士親臨主持畢業典禮，並頒發文憑，是為孫氏一生中深值紀念的日子。當晚並於香港太平山頂之柯士甸酒店舉行第一屆畢業生晚宴，晚宴即為康德黎師兼教務長所安排。作者並從康德黎文件中找到當日晚宴菜單，十分有趣。第二節介紹西醫書院的三位同學——關景良、江英華、陳少白。西醫書院於 1887 年開校，首屆入學生除孫中山外，共有 11 人，其中一半中途退學，取得文憑者僅 6 人，包括孫中山、江英華（1892 年畢）、關景良（1893）、劉四福、胡爾楷、王世恩（1895 年畢）。6 人中，孫中山與關景良情誼最密，常同遊共食。陳少白後來成為孫中山的革命伙伴，是「四大寇」之一，曾奉命來台成立興中會台灣分會。第三節介紹三位朋輩——尢列、楊衢雲、劉學詢。

第二章　求學篇：孫中山的成長歷程。

除緒論外，本章共分四節，大抵以羅香林、陳錫祺、簡又文、莊政、林百克（Paul Linebarger）、史扶鄰（Harold Z. Schiffrin）、白吉爾（Marie-Claire Bergère）等中外學者的著作為基礎，論述青少年時期的孫中山，既在香港接受傳統儒家教育，又在僑居地檀香山開始其現代英語教育，並在中英雙語知識基礎上，回國後於香港、廣州接受中學及醫科專業教育，既而執業澳門、羊城。在省、港、澳所建構的海、陸交通網絡的近代環境中，來回三地與故鄉，學習西方新知，結識中外師友，涵濡於三地的濱海新文化與社會群體中，其學識與人脈逐漸得以展佈。

第三章　改革篇：香港華人與清季革命運動的蘊釀。

本章共分三節，主要介紹香港華人的改革思想。倫敦傳道會傳教士理雅各在香港設立道濟會堂，會堂教牧及信徒倡導改革言論。青年時期的孫中山於受洗信教後，常至會堂參加聚會禮拜，由是得以接觸新思想。這些倡導改革思想的華人，前有區鳳墀、王煜初，後有王韜、何啟、胡禮垣等人。在清朝內政腐敗、外交失利的激盪下，若干志趣相投者如楊衢雲、謝纘泰等遂起而創立輔仁文社，並與孫中山合組香港興中會總會，從鼓吹變革而走上革命運動的道路。

第四章　革命篇（上）：香港興中會總會的成立及其武裝起義（1895-1905）。

本章共分四節，主要敘述香港興中會創立以後所發動的三次起義，包括兩次廣州之役（乙未 1895 與壬寅 1903）和一次惠州之役（1900）。

第五章　革命篇（下）：同盟會時期香港在革命運動中的角色（1905-1911）。

革命同志愈挫愈奮，促成興中會、華興會、光復會的大聯合，並於 1905 年成立中國同盟會於東京。在這段時期，孫中山於粵、桂、滇三省所發動的「邊區革命」，從潮州之役、黃岡之役、惠州七女湖之役到欽州防城、欽廉上思等役，香港黨人不但扮演了運籌帷幄的策動角色，並提供人力、物力、財力，使得起義得以付諸行動，更重要的是在起義失敗之後尚須承擔善後的責任。由上述可見，香港在清季革命運動中所居地位之重要與貢獻之大。

誠如李雲漢教授所指出，「這是一冊圖文並茂、內容充實、考訂詳確、立論公允、文筆簡練、編排新穎的學術著作，不僅值得青年學者悉心體會，年登耄耋之史界同道也應當虛心一讀。」[7]

（原載《僑協雜誌》，114 期，民國 98 年 1 月）

[7] 李雲漢，〈喜讀李金強教授新著〉，《台灣新生報》，「中山學術論壇」第 447 期，民國 97 年 10 月 24 日。

張憲文等編《蔣介石全傳》（上、下）

書　　名：蔣介石全傳（上、下）
主　　編：張憲文、方慶秋
出 版 者：河南人民出版社
出版時間：1996 年 5 月
頁　　數：正文 1009 頁，主要參考書目 4 頁，
　　　　　另有照片 6 頁，共 22 幀

一、前言

蔣中正，號介石，是孫中山所領導的國民革命的繼志承烈者，一生為國家的統一富強和民族的獨立復興而奮鬥，他在近代中國歷史上的重要地位和偉大貢獻，幾乎是中外史家所一致肯定和確認的。自 1949 年起，他在危疑震撼的困境下，把台灣建設成一個足堪「第三世界」楷模的國家和繁榮發達的經濟，更會得到世人應有的公正評價。

基於上述，有關蔣介石的相關研究，就像孫中山研究一樣，隨著時間的推移和積累，其成果早就車載斗量，充斥於各個圖書館中醒目的專架上，真的是琳瑯滿目，美不勝收。民國 75 年（1986），為紀念蔣中正百年誕辰，中國國民黨中央黨史委員會孫逸仙博士圖書館、國立編譯館、國立中央圖書館等單位，曾聯合出版一冊《蔣中正先生論著目錄》[8]，共搜羅中文著作 2886 種，報紙期刊論文 3203 篇，西文圖書與論文計 177 種，以上中西文合共 6266 種。若加上近 15 年來的全球各地出版品，包括海峽對岸自改革開放以後的積極投入，則為數當已超過一萬冊（篇）以上。這種數量上的巍巍壯觀，放眼古今中外，雖不必傲稱「前無古人，後無來者」，但能夠相與倫比者，恐怕為數亦不多見！

二、內容簡介

本書係 25 開本，分上下二冊，共 1014 頁。全書不分章，凡 56 節，參加編寫人員共 9 位，其大致編寫分工如下：張憲文負責撰寫緒論及第 24-28 節，史全生撰第 1-5 節，方慶秋撰第 6-8 節，蔣順興撰第 9-11、32-40 節，范崇山撰第 12-18 節，高秋萍撰第 19-23 節，陳謙平撰第 29-31 節及 51-56 節，孫宅巍撰第 41-44 節，陳紅民撰第 45-50 節。另張憲文、方慶秋擔任全書的修改和通稿工作，最後由張憲文定稿。此外，照片由方慶秋、陳紅民選輯，參考書目則由張憲文編定。由此可見，這是一本集體性的創作，任職南京的中國近現代史學者專家幾乎網羅殆盡！

本書（緒論）一開始，便明白指出，蔣介石是中國家喻戶曉、充滿傳奇性的人物，但過去囿於國共對立的意識型態鬥爭，中國大陸史學界一直把評價蔣介石，當成不敢輕易涉足的禁區，沒有真正從學術客觀的立場給予公正的評價。如今隨著兩岸關係的和緩解

[8] 國立中央圖書館編目組編輯，《蔣中正先生論著目錄》（台北：中國國民黨中央黨史委員會孫逸仙博士圖書館、國立編譯館、國立中央圖書館出版，1986 年 10 月 31 日）。

凍，應是和其他民國史許多課題一樣，已到了把它放到中國近現代歷史的大脈絡中，明確分清它的歷史地位和作用的時候了。

基於這個認識，1979 年 3 月，中國大陸史學界在四川成都舉行會議，制定了史學發展的第六個五年計畫，其中，「蔣介石研究」這個科研項目，便由南京大學承擔下來，並迅速與中國第二歷史檔案館合作整理蔣介石的有關資料。1987 年，中國國家教委又將這一研究列入博士點基金項目，積極給予支持。

可是，由於種種的原因，「蔣介石的研究」工作時斷時續，資料整理的工作也沒有結束，特別是台灣方面有關蔣介石的「大溪檔案」尚未公布（即使公布，亦非少數個人短時間內所能充分利用），所以這部《蔣介石全傳》一拖十幾年，直至 1996 年 5 月始告出版，也就可以理解了。

本書大抵以時間為經，把蔣氏一生的經歷，依先後順序劃分成 56 節，每節再分三至五段，涵蓋面相當齊全完備，稱得上鉅細靡遺。要想把全部內容分別做一扼要介紹，限於篇幅實有不能，也沒有必要。茲先將各節標題縷列於後，再視個別需要或再做重點式的討論。

（上冊）

一、出身和家庭

二、參加辛亥革命

三、參加二次革命和護國運動

四、護法運動期間

五、徘徊兩年，重返大本營

六、黃埔建軍

七、平叛東征

八、奮迹功名

九、率師北伐
十、遷都之爭
十一、南昌謀變
十二、背叛國民革命
十三、第一次下野和復職
十四、「統一」全國
十五、謀求獨攬黨政軍最高權力
十六、和軍事實力派的大較量
十七、與不同派系的政治爭鬥
十八、在中日民族矛盾激化的時候
十九、重新上臺
二十、統轄對日軍事
廿一、悉力剿共
廿二、排除異己，壓制救亡
廿三、「納諫」抗日
廿四、走上抗戰道路
廿五、繼續謀求對日妥協
廿六、督導初期抗戰
廿七、在國共合作道路上後退
廿八、堅持中期抗戰

（下冊）

廿九、在太平洋戰爭爆發前後
三十、保存實力、消極抗日
卅一、在日本宣佈投降的前後
卅二、對中共展開和平攻勢
卅三、準備內戰

卅四、指揮進攻解放區

卅五、加強獨裁統治

卅六、「戡亂」防禦

卅七、加強「戡亂」挽救危局

卅八、在主力決戰中失敗

卅九、退居幕後

四十、在大陸統治的失敗

四一、退據臺灣

四二、與美日修好

四三、新的反共活動

四四、權力的繼續加強

四五、內政外交的新格局

四六、海峽新危機

四七、第三次出任總統

四八、「反攻大陸」的嘗試

四九、內政方面的新舉措

五十、挽救外交困境的努力

五一、進一步加強專制統治

五二、再作「反攻大陸」的準備

五三、修補反共藩籬

五四、在外交上連遭致命打擊

五五、為蔣經國接班鋪平道路

五六、逝世前後

從以上綱目大致可以看出，主編者大抵以蔣氏所謂的「中國民族三大敵人——日本、共匪、軍閥」為主軸，為蔣介石的一生進行畫像工作。其一是從 918 開始，經蘆溝橋事變到太平洋戰爭爆發，止於抗戰勝利為時 14 年的抗日戰爭，也即外患部分，佔了 11 節，約有 220 頁，佔全書四分之一弱。其二是從北伐到剿共，歷經「五次圍剿」到「戡亂」的長期國共鬥爭，佔了 10 節，約有 150 頁，佔全書的六分之一弱，也即所謂內憂部分。其三是對付並鎮壓地方實力派，從早期的東征到討伐北洋軍閥，歷經中原大戰、兩廣事件與閩變，乃至對其他軍閥的收編等，所佔篇幅亦復不少。綜觀這三個主軸所呈現的共同特色，便是以軍事行動為主角佔優先，相對的非軍事方面的題材，如政治、外交、社會、經濟、黨務、文化、教育等便顯得份量不夠，幾乎淪為無足輕重的陪襯地位。換言之，貫穿三個主題無休止的軍事性衝突，幾乎主導了本書的大部份情節，這是結構上稍嫌偏頗之處。

令人欣慰的是，本書下冊共用了 15 節，大約 300 頁佔全書三分之一弱的篇幅，敘述了蔣氏在臺灣前後 36 年統治的「政績」，這是過去大陸學者撰寫蔣介石的傳記較為少見的。像宋平著《蔣介石生平》，最後一節的〈蔣介石在臺灣〉，僅費 46 頁的篇幅。[9]而嚴如平、鄭則民合著的《蔣介石傳稿》中最後一章〈退據臺灣，夢幻復辟〉[10]，也不過 54 頁。相較之下，本書對蔣介石在台灣的處理方式，完全合乎實事求是的做法，值得稱道！

三、問題的討論

兩岸對中華民國史的研究，尤其像對蔣介石這樣一個富有爭議性的政治人物的評價，由於過去國共兩黨的一段恩怨情仇以及意識

9 宋平，《蔣介石生平》（長春：吉林人民出版社，1988 年 6 月）。有關書評，另行參閱：李雲漢評，〈宋平著《蔣介石生平》〉，《中國現代史書評選輯》，第 8 輯（國史館編印，1992 年 6 月出版）。

10 嚴如平、鄭則民，《蔣介石傳稿》（北京：中華書局出版，1992 年 12 月，630 頁）。

型態的不同，難免出現南轅北轍、各說各話的說法。儘管雙方的立場有異，但從史學實事求是的角度看，只要持之有據，言之成理，總是可以獲得尊重和存異求同的。何況世上既沒有真正完美無瑕的聖人，也不可能找到永遠值得膜拜的英雄，而不管聖人或英雄，在史家的 X 光透視下，他們遲早都要走下神壇的。總之，隨著兩岸關係的解凍以及國共兩黨世紀性衝突的結束，中華民國這一段歷史的研究，勢將回歸到基本面，讓上帝的歸上帝，撒旦的歸撒旦，不再有任何的掩飾和扭曲！

職是之故，在這裡謹提出一個問題和兩點補充，以就教於本書作者群和海內外同道。

（一）「三民主義力行社」的問題

「三民主義力行社」是一個極端秘密的核心領導組織，它在 1931 年「918」事變後正式開始籌備，次年 3 月 1 日成立，至 1937 年「七七」事變前夕，即被迫著手改組為「三民主義青年團」，前後活動時間約六年，社員總數大約在 300 人左右。研究力行社歷史的困難，在於資料的缺乏與資料的偏見甚至不正確上。[11]

一般研究，都把「力行社」視為一個特務機構，而與蔣氏的獨裁劃上密不可分的等號。誠然，自古以來，以特務治國虐民者國恆亡，明朝的東廠，德國的蓋世太保，可為歷史的殷鑑！

本書上冊第 19 節〈重新上臺〉，其中第三段特別以 4 頁的篇幅介紹「中華民族復興社」，認為蔣氏以「力行社」為核心，創立「中華民族復興社」（簡稱「復興社」），主要吸收黃埔軍人、知識分子、機關官員和職員參加。作者利用中國第二歷史檔案館所藏的《蔣介

[11] 鄧元忠，《國民黨核心組織真相——力行社、復興社暨所謂藍衣社的演變與成長》（台北：聯經出版公司，2000 年 2 月出版），頁 1、11。

石日記》和相關檔案，指出「復興社」活動的總行動體系是對內的，它分為軍事和社會方面二項活動。蔣介石利用「復興社」組織為核心，廣用耳目，控制軍隊並在全國大規模推行特務統治，建立特務系統網絡，實現軍事統治。[12]

一般的相關著作，往往把「復興社」誤稱為「藍衣社」，並與義大利的法西斯主義聯在一起。例如陳少校在《黑網錄》中就認為，「復興社這個法西斯組織，就在蔣介石外防異己，內防反側的需要下，乘時出現」；「（復興社的）工作特色是在組織上是軍事性質的，在手段上是特務性質的，充分顯示了它的法西斯的本性」；「法西斯本來是對內統制和對外擴張的一個總體性的特務行動體系」。[13]此與本書的說法亦有異曲同工之處。

1933 年間討論中國出路的文章刊物很多，當時正值希特勒取得了政權，法西斯狂潮日益蔓延，漸有國際化之趨勢，故在中國鼓吹法西斯主義的人亦復不少，好似真有該組織的存在一樣。在該年上海《申報》的廣告欄中即可看出該類文字出現的頻繁。例如 3 月 1 日有《社會主義月刊》又名《民族與社會》的創刊廣告，自認為「中國研究法西斯蒂的刊物」。此雜誌各期的文章標題與作者姓名常在《申報》刊出，其第 1 卷 9 期內有白雲所寫〈復興中國民族的幾個主要條件〉和徐眉所寫〈青年對復興運動應有的把握〉兩文，所用「復興運動」一詞亦正與力行社所採用者相同。又 4 月 22 日《申報》刊登光明書局新出版的成紹宗譯《墨索里尼戰時日記》以及楊塞光編譯《希特勒》兩書的廣告。7 月 12 日《晨報》稱自 7 月 16 日起在國際版內逐日刊登白樺譯述之〈法西斯蒂之政治理論〉、〈法西斯蒂之經濟理論〉等文章。10 月 3 日又在《國際譯報》

---

12 原書，頁 319。
13 陳少校，《黑網錄》（香港，1973 年 6 版），頁 37、39。

第 5 卷第 3 期的廣告內有卡爾偉頓〈美國法西斯化的時機成熟了嗎？〉一文。[14]當然，報刊上連篇累牘發表鼓吹發西斯主義的文章以及大批的宣傳法西斯主義的書籍蜂擁般地出籠，自有它的社會基礎，但我們還得考察蔣介石個人對法西斯主義的態度。

早在民國 21 年（1932）因相傳蔣委員長在組織藍衣社的謠言過甚，蔣氏應記者之請於 7 月 11 日在《大公報》上發表一封闢謠的信，信上有云：

> 中國革命的組織和方式，只以中國國民黨孫總理所定之固有組織和方式，方能完成中國國民革命的使命，否則如必欲強做外國之革命方式，與中國民族性絕對相反的組織，用之於中國，則不惟革命不能成功，即國家和民族亦不能允許有此試驗之時間。今日中國革命之所以失敗者，即背叛孫總理之反革命份子，毀壞了中國國民黨固有之組織與方式所致也。吾人既不能恢復其固有惟一革命之組織，而又仿傚義大利之所謂法西斯蒂的組織，來強行於中國，是何異共產黨欲以中國為共產化。故中正可以坦白率直答覆貴報曰「中正生為中國國民黨之黨員，死為中國國民黨之黨魂。只知中國革命的組織，惟有一個中國國民黨組織。而中國革命的方式，亦惟有一個中國國民黨革命的方式，為中國革命惟一無二之途徑。如有其他的組織，中正不惟不能贊同，而且絕對反對。中正今日惟一志願，乃在復興中國國民黨十三年之革命精神，與其獨一無二之組織和方式，而以實現三民主義自任。」等語。[15]

---

[14] 鄧元忠，《國民黨核心組織真相》，頁 3-4。
[15] 同前書，頁 7-8。

這是公開的聲明，或者會被解讀為「此地無銀的官樣文章」，但我們可以再看蔣氏對「力行社」的看法及其對力行社幹部的批評，或許較能設身處地體會蔣氏的態度和想法。

覆按國史館所珍藏的《蔣總統事略稿》，這是繼毛思誠所編的《民國十五年以前的蔣介石先生》的續編，也是另一種型式的《蔣介石日記》，內容豐富，其中有不少次提到「力行社」，應是直接可靠，最能逼近蔣氏心靈深處的第一手資料。茲引述如下：

> 1932 年 2 月 21 日：晚，賀衷寒、康澤諸生談組織事。蔣氏自記：「余必欲組織一秘密奮鬥之機關，該機關人員必人盡其才，個個有力而足以控制全國，如手足之於頭目，血氣息息相關，方得完成革命，如僅為普通組織，則必腐化而易消滅也。」
>
> 1932 年 3 月 11 日：聞學生中有鄧某者（鄧文儀）不能理解事物，胡說妄言。蔣憤然嘆曰：「甚矣！學生之不爭氣比任何事為難堪也。」
>
> 1932 年 6 月 5 日：力行社幹事會議直至下午二時方完，蔣氏自記：「凡與力行社會議，每次皆在三時以上，學生之幼稚令人心焦，余必如何乃能造成幹部人才而可以得到助手也。」
>
> 1932 年 7 月 8 日：閱力行社一月來之成績報告，蔣親寫總評，長數千言。言畢嘆曰：「力行社員多幼稚不曉事，余今煞費心力，未知其見效否也。但誨人不倦，循循然善誘人為孔子之美德，余何獨不能如此哉！」
>
> 1932 年 7 月 11 日：蔣自嘆曰：「對於力行社之幼稚行動與反動派多方誣蔑之事，吾乃必動心忍性，不能抑止，此蓋養氣不到之故也。」

> 1932 年 11 月 23 日：有社員馬曉軍其人，因外界謠傳蔣氏欲借鏡法西斯蒂之組織，從事復興中國國民黨之運動，曾上書給蔣，希望其成為事實而非謠言，其理由是：以中國國情而言，舍開明獨裁，別無不二法門。除法西斯蒂，已乏唯一良藥。故盼望蔣氏以中國國民黨之主義，而灌以法西斯蒂之組織。蔣氏閱畢大怒曰：「我黨唯總理之遺規是遵，彼墨索里尼之法西斯蒂何足道哉？」已而嘆曰：「吾黨員之不幼稚則腐化，分子不健全，黨國少力能，此則確可心痛耳！」又曰：「組織之嚴密應超於意國紀律之森嚴，應過乎蘇俄，此為當前之所需要者，其言尚非過也」。

蔣氏在日記中，一再提及力行社社員幼稚或黨員腐化，十分心痛，可見力行社成立伊始，已經成為黨國和蔣氏的一項負債，而非資產。蔣氏內心深處的這些表白，或有助於吾人對蔣氏行事作風的瞭解，並進而對「力行社」和「復興社」的種種，有新的詮釋和評價！

（二）蔣介石與台灣經濟發展

蔣氏在臺灣，除了整軍經武，增強台灣的防衛力量，免於被中共所赤化外，最大的貢獻乃在於發展台灣經濟，奠下「台灣奇蹟」的基礎。但在書中我們除了看到張憲文在〈緒論〉中曾扼要點到，「蔣介石到台灣以後，吸取了失敗的嚴重教訓，一方面刷新政治，改造國民黨，啟用了一批少壯派力量，並在國際上完全依賴美國的支持；另一方面，推行新的土改政策和經濟措施，這些都為台灣以後的經濟起飛打下了基礎」等寥寥數語的肯定外，全書其他部分幾乎完全不再提及。這麼重要的一件事，如何只用了四行的字數予以交代呢？這顯然與台灣人的集體記憶是不相吻合的。這是有意的忽略多於無心的疏忽吧！事實上，台灣的經濟改革開放，比大陸尚早

二、三十年，否則那來民間資金充裕，工商百業興隆，人民生活水準提高，國民平均所得從 1951 年的美金 144 元，竄升至 1979 年的 1304 元，26 年間幾乎增加了八倍。

蔣氏對台灣經濟另一傲人的貢獻，便是十項建設的擘劃與決策，雖然這項重大經建計畫是在 1973 年蔣經國擔任行政院長時提出來以及次第推動完成的，但沒有蔣介石的事先支持和背書是不可能順利成功的。蔣氏曾說：「交通建設為庶政之母，有了交通，則人的活動幅度擴大，而地的利用厚生倍增。」十大建設中亦以交通建設居多，計有高速公路、國際機場、鐵路電氣化、北迴鐵路、台中港、蘇澳港等六項，在運輸與經濟發展關係極為密切的今日，這些工程之建設與完成尤具有特殊意義。在台灣人民隨時在分享這些建設果實的今天，人們應該不會不飲水思源的。遺憾的是，像這些與台灣人民福祉密切相關的事，竟是隻字不提的！

（三）蔣介石與九年國教

而這段期間，台灣經濟建設之所以能突飛猛進，與全面實施九年國民教育也有密切的關係，這更是蔣氏在政策上高瞻遠矚的結果。因為，實施九年國民教育，不但是順應潮流，並且符合國家民族的最大利益，而且更具劃時代的教育改革意義。自 1968 年開始，台灣實施九年國民教育的結果，一來使國民小學畢業生不經考試就直接就讀國民中學，由此減輕升學主義的壓力，消除惡性補習的痼疾，維護青少年身心的正常發展，帶動了教育全面的革新；二來使國民知識水準普遍提高，國民素質益為優秀，並加強了職業教育和就業訓練，培育基層建設人才，增強生產能力，加速經濟的全面發展，充實國防的力量，使國家及人民均能走上現代化的道路。[16]而

---

[16] 有關蔣介石與九年國教的討論，請參閱：許水德，〈九年國教三十年感言〉，

實施九年國教在中國教育史上的重大意義以及蔣氏在臺灣引以為傲、貨真價實，不需靠「吹噓」的政績，在全傳中同樣隻字不提。評價一位歷史人物，論其功過，不管三七開或四六開，只要言之成理，大家都可以接受。但若對某些正面的貢獻，帶有某種潛意識上的刻意迴避，顯然非客觀治史之道，這無疑也是本書很大的缺陷和遺憾！

四、總評

無論如何，在大陸出版有關蔣介石的傳記中，本書仍然是迄今為止，引用資料較豐富、涵蓋面較廣、敘述較為平實嚴謹，行文也較無八股教條味的一本著作。作者們盡量要求自己站在史學客觀的立場，以實事求是的態度，寫一本翔實有據的《蔣介石全傳》，以深化對蔣介石的認識。但在「大溪檔案」尚未被充分利用之前，要想達到這個目的，談何容易！

筆者與張憲文教授合影

作者群因近水樓臺地利之便，在資料上特別利用了南京第二歷史檔案館的檔案資料，這是本書的優點和特色。其中最引人注目的是《蔣介石日記類鈔》和《蔣介石年譜初稿》（中國第二歷史檔案館藏，檔案出版社，1992 年 12 月出版），但不知這兩項資料的內容和起訖時間為何？與國史館所藏的《蔣總統事略稿》是否有本尊與分身的關係？內容異同何在？有心人士不妨做個比較和說明。

國史館主辦的〈九年國教實施的回顧與評價——口述歷史座談會紀實〉（一）及（二），以上三文皆刊登於《近代中國》，第 128 期（1998 年 12 月 25 日出版）。

本書當然也參考不少台灣出版的相關著作，例如《蔣總統秘錄》、《蔣總統傳》（董顯光著）、《蔣介石序傳》（黎東方著）、《成敗之鑑》（陳立夫著）等，但不知何故並未參考到汪榮祖、李敖合著的《蔣介石評傳》（台北：商周文化公司出版，1995 年 4 月出版），兩書出版時間前後僅相差一年，或許《評傳》出版時，《全傳》也已經送廠付印，故來不及參考列入了。

做為一本歷時十多年所編著完成的集體性著作，從求全求美的角度，我們對它仍感不足。而做為一本八十萬字的大書，在內容（尤其人名）和校對上不可避免的仍有些小疵，茲將較明顯的列後：

頁 402，17 行，墨「演」未乾，應為墨瀋未乾。

頁 422，8 行及倒數 4 行，蔣銘三係蔣鼎文的字，在此處行文不宜以字代名。

頁 810，6 行，孫立人轉西點軍校學習軍事，應係維珍尼亞軍校之筆誤。且孫氏歸國之年應為 1928，而非 1927。

頁 847，7 行，駐澳大使應為陳之邁，而非陳立邁，諒係排校之誤。

頁 868，倒數第 3 行，台灣警動司令部應係警備司令部之誤。

頁 996，第 7 行，經濟部長孫運「璇」，應係孫運璿之誤。

此外，本書第 50 節，談到台灣挽救外交困境的努力，其中涉及法國斷交的一段，書中特別指出，「（台灣）當局對法國的決定幾乎沒有任何心理準備，曾想走美國路線，幻想由美國施加壓力來讓法國改變態度，一時間台美間各種接觸頻繁。然而法國獨立外交的理念甚堅，美國的勸阻無濟於事。」最後，作者引用克萊恩（Ray S. Cline）的書，接著上文說：「美國反而派曾任中央情報局駐台北代表，與蔣經國個人私交甚篤的的克萊恩飛到台北，勸阻台灣不要為了『面子』急於宣布與法國斷交，要讓法國承擔斷交的道義責任。」[17]經查作者所引用的《我所認識的蔣經國》(聯經出版公司,1990 年出版),書名首先應更正為《我所知道的蔣經國》。不可思議的是,作者竟把自己的想法和意見,透過克萊恩的名義,強加於書內,請看這一段原文是這樣:「國務院要我轉告蔣介石的建議是,『對戴高樂的立場要強硬些』。國務院當時的見解很正確,因為如果戴高樂宣佈要和北京當局建立外交關係,而台北方面又隨即主動與法國斷交,戴高樂等於獲得方便之門,且不會受到背棄盟友的譴責。哈里曼捎來的國務院指示,便在勸蔣介石公開表示他已了解戴高樂意欲承認北京,但不主動與法國斷交,讓法國去承擔背義負友的責難。」[18]這裡並沒有「面子」問題,顯然是作者個人的斷章取義。

(原載《中國現代史書評選輯》,24,
國史館編印,民國 89 年 12 月,頁 151-169)

17 原書,頁 903。
18 克萊恩著,聯合報國際新聞中心譯,《我所知道的蔣經國》(台北,聯經出版公司,1990 年),頁 160。

楊天石：《找尋真實的蔣介石——蔣介石日記解讀》

書　　名：找尋真實的蔣介石
　　　　　——蔣介石日記解讀
作　　者：楊天石
出 版 者：香港三聯公司
出版時間：2008 年 3 月
頁　　數：511 頁
定　　價：港幣 148 元

一、蔣介石日記的重要性與保存現狀

蔣經國總統在 1998 年 1 月猝逝後，其遺物全由幼子蔣孝勇保管，孝勇在 1996 年 12 月病逝後，這批遺物存於他的遺孀方智怡手中，遺物中最珍貴的就是蔣介石和蔣經國父子的日記。蔣介石的日記大約始於 1915 年，其時蔣 28 歲，止於 1972 年 8 月，其時蔣 85 歲，距離去世只有 3 年。這一年，蔣介石手肌萎縮，不能執筆，因此停止了長達 57 年的日記寫作。蔣經國日記則從 1937 年到 1979 年。台灣政黨輪替後，方智怡把這批日記原件交給美國史丹福大學胡佛研究院檔案館存放 50 年，引起海內外極大關注。

胡佛檔案館於 2005 年成立「近代中國檔案特藏史料中心」，並於翌年陸續開放 1918 年至 1945 年的蔣介石日記，一時海峽兩岸研究民國史的學者趨之若鶩，蔣的日記及蔣的生平研究頓時成為民國史研究的「顯學」。這套日記 1945 年以後到 1972 年的部分，在未來的兩、三年內也將會陸續開放。可以想見的是，隨著蔣日記的公佈，勢必會進一步帶動蔣介石研究、民國史研究或國民黨史研究的風氣，甚至相當程度地改寫國民黨和共產黨各自論述的歷史，而整個中國現代史的面貌也有可能為之改觀。

以往蔣介石日記的保存狀況並不是很理想，若干部分已經霉爛、損毀，胡佛檔案館接收後利用現代科技，進行微縮攝影，製作複本。過去，蔣介石日記出現過手稿本、仿抄本、類抄本和引錄本等幾種不同類型。胡佛檔案館目前開放的蔣介石日記絕大部分由蔣介石親筆書寫，可以稱之為手稿本或原稿本的複印本，分年分月分卷提供研究工作者參閱。日記中涉及個人隱私的部分先由蔣家親屬或委託人員進行技術處理，作部分塗抹覆蓋，暫時不公開。學者參閱日記時，既不能複印或照相，也不能使用筆記型電腦當場輸入，只能用鉛筆手抄，極為不便又費時，故有學者戲稱此種工作為「史學研究的手工業化」。

二、楊天石教授拔得頭籌

蔣介石日記的豐富內容，是治民國史者不能不看的重要史料（至少看了放心），是史學家長時期、多方面挖掘、取之不盡的寶藏。在胡佛檔案館開放蔣介石日記後，兩岸及其他各國眾多學者絡繹不絕於途，爭先恐後沉迷於蔣介石龍飛鳳舞的書法中，去尋找各自所要的秘辛。

楊天石教授從 1980 年代起，即開始研究蔣介石留在大陸的個人秘檔，又多次到台北研讀國史館所藏「大溪檔案」，並走訪日本、美國、英國等地廣泛收集相關資料。基於這層關係，楊天石曾兩次受邀前往胡佛檔案館，成為蔣介石日記的最早的讀者之一，更令人佩服的是，楊教授手腳勤快，於「上窮碧落下黃泉」之餘，加上以往筆耕不輟的基礎，已發表一系列相關文章，並有這本專書的出版，稱得上海內外研析解讀蔣日記的第一高手和快手，當之無愧！

楊天石先生，江蘇興化人，1936 年生，北京大學中文系畢業，長期研究中國文化史和中華民國史，歷任中國社會科學院近代史研究所研究員、研究生院教授、博士生導師、中央文史研究館館員，現任中國社會科學院榮譽學部委員（相當於中央研究院院士）。主要著作有《黃遵憲》、《王陽明》、《朱熹及其哲學》、《南社》、《南社史長編》、《尋找歷史的謎底——近代中國的政治與人物》、《海外訪史錄》、《蔣氏秘檔與蔣介石真相》、《楊天石近代史文存》（內含《蔣介石與南京國民政府》等五冊），並主編《中華民國史》及《百年潮》等刊物雜誌，是治學有成、著作宏富，享譽海內外的著名學者。

楊天石在研究蔣介石的過程中，得到過許多鼓勵，自然也遭遇到一些誤解和攻擊。1988 年，他的〈中山艦之迷〉一文發表後，胡喬木多次在談話中稱讚此文有「世界水平」、「不可多得」，又當面對楊說：「你的路子是對的，要堅持這樣走下去」。2001 年，他的《蔣氏秘檔與蔣介石真相》一書完稿，經中共中央統戰部審讀，得到「華夏英才基金」贊助。但是，2003 年，有少數「極左派」化名「一批老紅軍、老八路軍、老新四軍、老解放軍戰士」，給中央領導和有關機構寫信，他們根本沒有讀過楊的書，就毫無根據地誣蔑楊吹捧蔣介石為「民族英雄」，要求對楊加以懲處，開除其黨籍（可笑的是楊並非中共黨員），甚至治以叛國罪。所幸中國已經處於改革開放的年代，中國社會科學院的領導和中央有關領導幹部對楊的研究持肯定和支持態度，他的蔣介石研究才得以堅持和繼續。

三、作者論蔣介石功過

楊天石研究歷史人物，覺得「人的本相常常迷失，歷史的本相也常常迷失」。以蔣介石為例，在部分人的口中和筆下，他被神化、美化為千古完人，光同日月，功業和道德都彪炳萬代；但是，在另一部分人的口中和筆下，他則被妖魔化、醜化為「人民公敵」、「元凶首惡」、「民族敗類」、「千古罪人」。

捧和罵這兩種極端的作法，都背離蔣介石的實際，造成其本相的迷失，因此需要尋找。從日記中探索其內心世界和許多不為人知的歷史秘密。大量閱讀相關的檔案和文獻，反覆思考、勘核比對、廓清迷霧，尋找真實的蔣介石，正確評價其功過是非，揭示其本相，這是史家責無旁貸的使命，也是楊天石持之有恆、始終一貫、追求不懈的目標。

蔣介石寫日記，可以說主要為反躬自省用，所以有相當大的真實性，但避免不了有選擇性。他的日記只反映他個人的觀點和立場。自然，他所不喜歡的人、不喜歡的事、不喜歡的政黨和政派，經過情感上的發酵，難免不被他扭曲。他喜歡罵人，好友如戴季陶、黃郛，親屬如宋子文、孔祥熙，同僚如胡漢民、汪精衛、馮玉祥、張學良、孫科、李宗仁、白崇禧、何應欽，共黨人物如毛澤東、周恩來，下屬如鄧文儀、周至柔，外國顧問如鮑羅廷、史迪威等，幾乎沒有人不被他批評，而且批評得很兇。

蔣的日記並非完全「如實紀錄」，也有「諱莫如深」的空白。例如，1927 年的「清黨」，顯係蔣與桂系首領精密謀劃之舉，但日記中對此却幾乎全無記載。又如，1931 年的軟禁胡漢民事件（俗稱湯山事件），蔣只記對自己有利的情況，而不利的情況就不記。

熟讀蔣介石日記的楊天石，對蔣作了簡明扼要、蓋棺論定似的幾點評價：

(一) 在近代中國歷史上，蔣介石是個很重要的人物，也是個很複雜的人物。

(二) 早年的蔣有私生活方面的缺點，但自我惕勵改進；個人求知慾極強。

(三) 是個民族主義者，畢生追求民族尊嚴，力圖國家富強。

(四) 有功有過。既有大功，也有大過。

由於篇幅所限，在此謹針對第四點稍做介紹。論蔣介石與抗戰關係，據楊天石指出：「我們應該承認，蔣介石對抗戰勝利是有功的，對世界反法西斯戰爭的勝利也有功」。

其功在於：

(一) 促進了不平等條約的廢除。

(二) 促進了中國國際地位的提高。

(三) 收復失地（東北、台灣、澎湖），洗雪國恥。

(四) 促進了國際反法西斯戰爭的勝利。

其過在於：

(一) 片面抗戰與戰略上的失誤（如淞滬之戰）。

(二) 抗戰中期與後期的反共活動。

(三) 在抗戰期間，始終堅持一黨專政，拒絕改革，頑固腐敗。

本書所收的十九篇文章，大致論述蔣氏早年的思想、性格及其政治活動，也涉及蔣的「婚外情」、蔣宋的「感情危機」以及有關宋美齡的「緋聞」等，都是大家素所關心的議題，而作者處理每一議題都從疑上出發，再回到論證嚴密的答案中。在當前台灣去蔣化的一股浪潮中，本書的問世，無疑地可幫助蔣介石從「偉大領袖」的神壇上走下來，同樣的也會從「人民公敵」的祭壇上走下來，還原成一個有血有肉、人格特質上有優缺點的凡人。

總之，本書內容豐富，涉及層面極廣，是一部現代中國史的縮影，值得愛好歷史的讀者細心詳讀！

（原載《僑協雜誌》，110 期，民國 97 年 5 月）

陳紅民：《蔣介石的後半生》

書　　名：蔣介石的後半生
作　　者：陳紅民等
出 版 者：浙江大學出版社
出版時間：2010 年 3 月
頁　　數：576 頁
定　　價：人民幣 58 元

一、歷史人物啟動風雲

在歷史舞台上，人物永遠是啟動風雲的主角，正史中的本紀、列傳，乃至一般傳記作品之所以引人入勝，除了因為它以人物為中心，論述生動，有血有肉，最能激起讀者的共鳴外，主要在於它論功過、評得失，帶有「深獲我心」的殷鑒作用，令人拍手稱快。如果把這些特質抽離，則呈現出來的可能是一篇難以卒讀、枯燥無味的東西。

在近代中國歷史上，蔣介石始終是一個十分重要而又極其複雜的歷史人物。兩岸學者對他的評價長期存在著尖銳對立的兩極。在台灣，對他的評價經歷了從「神化」到「醜化」的過程，甚至掀起過一些政潮。在大陸，對他的評價則經歷著從「漫畫」到「寫實」的過程。

大陸學者楊天石曾說過：「在中國近代史上，評價懸殊，爭議最大的人物恐怕要屬蔣介石。有的尊之為『千古完人』、『世界偉人』或『民族救星』，有的斥之為『獨夫民賊』或『人民公敵』。褒貶之間，懸隔天壤。對於他一生中的許多具體作為，更是眾說多歧，即以抗日一事而論，或視之為民族英雄，或責其明為消極抗日，實則積極剿共。褒貶之間，也判若雲泥。」

平心而論，要正確地描繪並評價蔣介石的一生，並不容易。至少，透過日記的爬梳，將使蔣介石走下了國民黨的神壇和共產黨的祭壇，使他還原為一個有血有肉的常人。由於相關的檔案資料實在太多（包括最近陸續開放並即將分批問世的蔣介石日記），需要長期、耐心、細緻地收集整理之外，更重要的是研究者必須有實事求是的科學精神和客觀的治學態度，始能見功。

二、蓋棺論定後半生

蔣介石（1887-1975）與毛澤東（1894-1976）、周恩來（1898-1976）同一個時代，他比毛多活 6 歲，比周多活 10 歲，相當長壽。在他 88 年的生涯中，大致可分為大陸時期 62 年（1887-1949）和台灣時期 26 年（1950-1975）。蔣介石的台灣時期，可稱為他的後半生。有鑒於過去兩岸學者有關蔣介石的評傳，大多詳古略今，相當忽視在台灣時期 26 年的作為，故浙江大學歷史系教授、蔣介石與近代中國研究中心主任陳紅民，特別結合了趙興勝、韓文寧兩位教授，在蔣介石研究正熱門之際，適時的推出《蔣介石的後半生》這一巨著，不僅彌補了過去的缺陷，填補了蔣介石研究的空白，更象徵大陸學者之研究蔣介石已邁入了一個實事求是、客觀論述的新階段。無論如何，這是一件值得令人欣喜和期待的好事。

本書是集體創作的產物，共分為 18 章，其中趙興勝教授撰寫第一章至第九章，重要內容分別是重掌國民黨政權、保衛大台灣、朝鮮戰爭與蔣介石政權之起死回生、改造國民黨、反共抗俄總動員、建設三民主義模範省、對日和約與日台關係、爭取美援的種種努力、整肅內部穩固統治。陳紅民教授負責第十章至第十四章暨第十七章一節和後記，重要內容有外交空間的伸縮、經受新的內外衝擊、雷震案、反攻新策略、政治新布局等。韓文寧教授則擔任第十五章至第十八章暨第十四章一節，重要內容為中華文化復興運動、外交大潰敗、革新保台、蔣介石之死等。最後陳紅民對全書做了大量的內容修改補充和文字統一的潤飾工作。據陳教授的「後記」指出，本書具備兩個特點，即是以台灣為主，以蔣介石個人為主。作者努力的目標是，要完全以蔣介石個人的思想、行為與生活為論述主線，其他的即使重要也只能作為寫蔣的背景，而不能喧賓奪主。如此，或許可以更容易地為蔣在歷史上定位。

楊天石教授為本書寫序推薦，並為蔣介石做了蓋棺論定式的總結。他這樣說：「在台灣的 26 年中，蔣介石的思想、性格、作為，也都體現出這個人物性格中特有的多重性和複雜性：既堅持反共復國，又堅持一個中國；既敵視美國，又依賴美國；既力圖維護國民黨的統治基礎，又不得不適應時變，力圖改造國民黨，開始對台灣社會的政治、經濟進行改革。他在大陸失敗了，但是，卻能於風雨飄搖之際，在台灣站穩腳跟，完成權力交替。在他去世後，蔣經國繼續他的未竟之業，使台灣社會轉型，並且創造出『台灣經驗』和『台灣奇蹟』。蔣介石在台灣的 26 年，是蔣介石歷史的重要部分，也是中國現代歷史的重要部分。」這些論斷，允稱公平而客觀。

台灣學者蔣永敬教授在另一篇序中，自承讀了這本著作以後，恍然有悟，但他不無感慨的比較兩岸學者對蔣介石歷史評價的變化。他引陳紅民另一著作《蔣家王朝——台灣風雨》序中的話指出：「台灣方面過去的著作，對蔣氏能褒而不能貶，近年則以貶蔣為時尚，影響所及，毀其銅像者此起彼落，大有『文革』的批鬥意味。大陸方面過去對蔣則是能貶而不能褒，近年已漸趨理性，雖不免毀多於譽，但亦不乏實事求是較為客觀的評價。這是對近代人物研究的態度一大進步，是忠於近代史研究的可喜現象。」蔣教授期待，從「神化」到「醜化」都將告一段落，今後兩岸對蔣氏的研究和評價，必將趨於客觀。而陳紅民此一著作正是不斷與時俱進的表現。

三、蔣介石日記發揮作用

本書除了敘事詳實、論述求其客觀之外，另一特點便是大量參閱了最近開放的《蔣介石日記》。為了完成本書，陳紅民教授特別專程到史丹福大學胡佛研究所閱讀新近開放的 1949 到 1955 的部分，進一步充實，修改原著，終於比較完整而準確地勾繪出蔣介石在台灣 26 年的面貌。

對於日記的評價，兩岸學者都持相同的正面看法。楊天石教授肯定日記內容的真實性，認為《蔣介石日記》的公開，不僅可以幫助人們深入瞭解蔣介石的思想和內心世界，「填補蔣介石研究中的空白」，而且對推進中國近代史的研究，「釐清中國近代史的某些重要轉折點」，都會有重要的作用。

看過日記的台灣學者呂芳上教授也總結說出：「讀過之後最大的感受：這是一套有血、有肉、有靈魂的資料。」正因如此，它為蔣介石的學術研究提供了全新的資料。

香港中文大學教授鄭會欣也指出，隨著《蔣介石日記》等大量原始檔案的陸續開放，海峽兩岸的意識形態也有不同程度地鬆動，因而中國大陸有關國民黨歷史的研究已由「險學」變為「顯學」，成為海內外眾多歷史學家共同關注的焦點。今後，《蔣介石日記》就像一幅全新的地圖，將引領歷史學者與中華民族，穿越傳說中的魔幻迷霧，跨越了流言與神話的叢林，重新發現被塵封已久的歷史寶藏。

（原載《僑協雜誌》，122 期，民國 99 年 5 月）

墨西耶：《維琪面對蔣介石》

書　　名：維琪面對蔣介石
——外交關係（Vichy Face à Chiang Kai-Shek: Histoire Diplomatique）
作　　者：墨西耶（Fabienne Mercier）
出 版 者：巴黎阿瑪棟出版社（Editions L'Harmattan）
出版時間：1995 年 9 月
頁　　數：正文 298 頁，附錄等共 35 頁

一、前言

多元檔案乃當今研究國際關係必備的入門之鑰與不可或缺的先決條件。國人要想研究近代中法關係，尤其 20 世紀 4、50 年代的兩國關係，無論外交軍事或財政經濟，乃至文化教育等各個層面的交涉或來往，首先必須稍微瞭解法國檔案的收藏情形，俾可按圖索驥，以免多走冤枉路。一般而言，當代法國的相關檔案，大致可分為以下五大塊：

(一) 外交檔案（Archives Diplomatiques）——除已出版之兩次世界大戰的「法國外交檔案」（Documents Diplomatiques Français）外，大多收藏於巴黎塞納河左岸奧塞河堤（Quai d'Orsay）的法國外交部，俗稱「凱道塞」，主要收藏中央部會所簽訂的條約或發表的公報等。

由於檔案如汗牛充棟，數量龐大，於是另闢「南特中心」（Le Centre de Nantes）。該中心創設於 1987 年，主要收藏從駐外使領館送回法國的檔案，內容包括各使領館的政情報告以及文化合作資料。因為巴黎本館的空間漸感不足，在 1970 至 80 年代也曾把中央本部的一些純行政檔案移藏南特。

此外，在鄰近德國邊界的科爾瑪（Colmar），亦設立一個「科爾瑪中心」（Le Centre de Colmar），專收藏 1945-55 年法國佔領德、奧期間的行政檔案。[19]

(二) 海外檔案（Archives d'Outre-mer）——即過去殖民部的檔案，現藏於法國南部馬賽附近的艾克斯（Aix-en-Provence），小鎮風景美麗，民風淳樸，並有大學一所。想研究法國早期在越南的殖民以及中法在越南的勢力角逐，便必須南下艾克斯一趟。

(三) 財經檔案(Archives du Ministère Français de l'Economie et des Finances）——現藏於巴黎近郊的楓丹白露（Fontainebleau），有火車與汽車可達，交通尚稱方便。

(四) 軍事檔案（Archives Militaires）——藏於巴黎市東邊的文森森林公園（bois de Vincennes），全名是「陸軍歷史檔案館」(Service Historique de l'Armée de Terre)，簡稱 SHAT。

(五) 退除役官兵檔案（Archives du Musée de l'Ordre de la Libération）——藏於巴黎。

[19] Bruno Ricard, «Les Sources Conservées au Centre des Archives Diplomatiques de Nantes», in Jacques Weber, *La France en Chine (1843-1943)* (Press Academiques de l'Ouest, Nantes, 1997), p.249.

特別是「南特中心」的設立與檔案的開放，先後已有三本著作完成，並公諸於世。它們是林樺（Lin Hua）的《蔣介石、戴高樂與胡志明：中法 1945-46 年在越南的關係》[20]、墨西耶（Fabienne Mercier）的《維琪面對蔣介石》[21]以及傑克・韋伯（Jacques Weber）所編的《法國在中國，1843-1943》[22]，對於無暇或無緣親至檔案館爬梳資料的學者而言，真是馨香祈禱的福音。

二、本書的宗旨與主要內容

此書原係巴黎第一大學的博士論文，經修改後出版。作者在導論中謙虛的自白，其目的不在為歷史人物評功過論是非與責任，而希冀為維琪政府的中國政策在歷史脈絡中尋求定位，找出政策發動的機制和行為，並進而闡明它的動機和可能付出的代價，俾使這一段歷史更為清澈透明。

本書共分為三大部分，茲將主要章節列明如下：

第一部份：法中關係的主角——日本（1940 年 6 月-1941 年 12 月）

共分五章

第一章：法國在華的經濟利益

第二章：一種不平衡的政治存在

第三章：印度支那的角色

第四章：在中日兩國之間尋找平衡

---

[20] Lin Hua, *Chiang Kai-Shek, de Gaulle Contre Ho Chi Minh, Viet-nam, 1945-1946*, Paris: Editions L'Harmattan, 1994.

[21] Fabienne Mercier, *Vichy Face à Chiang Kai-Shek: Histoire Diplomatique*, Paris: Editions L'Harmattan, 1995.

[22] Jacques Weber, *La France en Chine, 1843-1943*.

第五章：法日在印度支那的軍事合作使重慶的態度更為強硬

第二部份：走向承認南京汪政權（1941 年 12 月-1943 年 2 月）

共分三章

第六章：維琪政府中國政策的世界迴響

第七章：處境困難的法國奉行緊密一貫政策的困難

第八章：維琪搖擺在重慶和南京之間

第三部份：維琪以及法國在華利益的總清理(1943 年 2 月-1944 年 8 月）

共分三章

第九章：法國拋棄在華的租界

第十章：維琪與重慶間外交關係的破裂（1943 年 8 月 1 日）

第十一章：法國在華利益的清理以及政權之轉移給戴高樂派

作者所要重建的，雖然只是在 1940 年 6 月到 1944 年 8 月短短四年間的歷史，但涉及維琪政府與日本，維琪政府與中國重慶國民政府和南京汪政權三者之間的錯綜複雜關係，其間還牽扯中、日、法三方軍事利益，不得不在夾縫中尋求最小傷害的印度支那——越南，所以就越發顯得牽一髮而動全局，不能不戒慎恐懼加以細心處理！

要想針對一部厚達三百頁的外文著作，進行細部的介紹，事實上有其困難，亦非篇幅所允許。在此僅就幾個關鍵性的問題提出討論，以供無緣一窺本書全貌的讀者略做參考。

（一）法國人在中國

抗戰主要是中國面對日本的長期侵略，起而反抗的一場殊死戰。法國若非日方壓迫其在越南簽訂軍事協定，並施展壓力要其承認汪政權，它幾乎可以說是遠東戰場的旁觀者，或中日這場戰爭的見證者。見證者究竟留下什麼見證？以什麼方式和條件獲得這些見證呢？這或許也是歷史學家感興趣的課題，值得吾人探討。

1938 年當國民政府因日軍節節進逼被迫西遷重慶時，一直駐在北京的法國大使館曾一度遷往上海，但戈思默（Henri Cosme）大使把它重新遷回北京，一方面是為避開與上海領事館的糾葛，更重要的是為了便利與駐北方的日軍最高指揮部的密切接觸。在重慶，除了一名領事之外，還設立了一個隸屬於法國大使館但享有經費獨立的外交辦事處。至 1941 年 3 月則增派第一位參贊保羅・彭固爾（Jean Paul-Boncour）。在南京有一個小規模的領事館，由薩拉德（Salade）負責。此外，在哈爾濱、瀋陽、天津、漢口、汕頭、廈門、廣州、海口、南寧、龍州和昆明都設有領事館。領事館中，規模最大的是上海總領事館。在這個城市裡，總領事不僅從事外交活動，而且履行法租界的地方行政管理職能。他因此必須處理日常生活中的安全和供應問題，這些任務使他不可迴避地要與日本佔領當局打交道，從而在某種程度上對中國人維持生存的艱難有一種私人的感受和實際的體驗。

外交人員的信息主要來自於他們個人的觀察和自身的經驗以及他們與周圍人物的接觸。在國民政府控制區，旅華法國僑民的數量為 200 人，其中傳教士 162 名。在汪政權的地區，非軍事人員的法僑數量達 2360 人，其中傳教士 390 人。另有駐華軍團 1200 人，其中大多數是越南人，駐紮在北京、天津、山海關和上海。大部份的民事人員集中在上海的法租界內，北京只有 140 人。這些城市居民通常跟中國人的接觸有限，難能成為外交官員的重要信息來源。相反的，儘管傳教士的人數有限並分散在各地，且其中大部分住在內地鄉村，但有時所提供的見聞卻甚有意義。然而，由於戰爭的關係，使領館與他們的聯繫只是偶一為之，並不頻繁。

顯而易見，中國人是提供信息的主要管道。戈思默於 1940 年 11 至 12 月曾在重慶逗留了兩個月之久，其間與中國人有過多次的會談。在他之後，參贊與武官們以及駐在中國自由地區（指後方）

的領事們都與國民政府的官員保持廣泛接觸，並將情報向大使館匯報。在南京，法國外交官員與汪精衛周遭的人物有不少的來往。當戈思默到上海時，他常常和褚民誼、周佛海和陳公博等人見面。這些人也與上海和南京的法國領事們保持直接聯繫。在北京，駐華大使也有機會會見王克敏和地方政府的一些高級官員。

然而，北京大使館與法國駐中國其他地方的外交機構的聯繫卻相當困難，因為常常不是被中國當局就是被日本當局所切斷。自1941 年起，在中國國內的通訊便因為遭受檢查而變得幾乎不可能或非常的不穩定。電報聯繫最後成為獨一無二的手段。在領事館使用中國電訊網的地方，密碼電報從 1941 年太平洋戰爭開始之前，基本上就遭到拒絕。聯繫經常中斷，有時航空郵寄的電報需時兩星期始可抵達。只有與南京領事館的密碼電報聯繫從未受到任何阻撓。平常也可利用航空通訊。重慶與北京的聯繫則使用海軍陸戰隊的軍事電台進行，陸戰隊駐華的任務是在保護領事館。

其後，駐華使團與法國本土的通訊手段，隨著戰事的日趨緊張而快速地減少。當 1941 年初，信件尚能經橫貫西伯利亞的陸路和通過馬尼拉——紐約到里斯本的海線傳遞。至同年 6 月，第一條路線因希特勒宣佈德國對蘇聯宣戰而中斷。第二條路線也於 12 月中斷，也即從 1942 年初開始，實際上與法國本土保持聯繫的唯一手段是無線電報。北京、上海和重慶利用電台把密碼電訊發向河內再轉往維琪（Vichy）。[23]

以上所述，有助於我們瞭解法國外交人員在華的工作條件和情況。囿於形式上的限制和電台通訊安全的需要，法國人不得不對見證報導有所取捨，從而限制了他們對事實的描述。然而，由於材料

[23] Marianne Bastid-Bruguiere,〈由法國外交檔案看 1942-1945 年間的中日合作〉，收入衛藤瀋吉編《第 4 回日中關係史國際學術討論會論文集》（日本東方書店，2000 年），頁 431。

的取捨主要以法國在東亞的利益為考慮，這意味著法國當時對必須既跟中國人也要跟日本人妥協，力求立場上不偏不倚。

（二）維琪面對蔣介石

披閱本書，最令人關心的課題，就是法國維琪政府與國民政府和汪政權之間的關係，是一種等邊的三角關係或不平衡的「西瓜倚大邊」關係；在日本壓迫下，維琪對承認汪政權與越南假道兩大問題，如何面對蔣介石？

汪偽組織的成立，對我抗戰前途與民心士氣，持平而論，當然有相當不利的影響，故國民政府極不樂見列強予以承認。早在 1940 年 4 月 1 日，我駐法大使顧維鈞即走訪法國新總理兼外長雷諾（Paul Raynaud），促請法國政府繼美國之後，作不承認汪偽政府的聲明。但法國態度曖昧不明，政策搖擺不定，在拖延一個月後終於不了了之，沒有下文。[24]繼汪政權承認問題之後，同年 6 月，法國在歐戰中敗績，向德屈服，貝當元帥（Le maréchal Pétain）所組織之維琪政府宣告成立，日本乘機壓迫法國，先是停止中越運輸，繼而在河內簽訂協定，允日軍假道越南攻滇。由此可見，法國常隨國際局勢與國內政情的變化，而在外交上採取一種「順應時勢，見風轉舵的政策」（policy of temporizing），其目的正如顧維鈞所指出，「一切以贏得歐洲的戰爭為優先，而視其他事物為次要，包括它對越南的保護以及在遠東的利益在內。」[25]

其後，日本復對維琪政府施壓，要求法方承認汪精衛的南京政府，並以上海法租界的收回作為談判的籌碼。法國與日本的緊張關係至 1943 年夏季持續升高，儘管重慶方面已在 8 月 1 日片面宣布

---

[24] 陳三井，〈抗戰初期的中法交涉初探〉，收入《近代中法關係史論》（台北：三民書局，1994 年），頁 257-259。

[25] 同前註，頁 260。

中止與維琪政府的外交關係，或許基於取消治外法權談判的需要，法越總督戴古（Jean Decoux）和法國外交部的官員一直採取拖延戰術，遲遲不肯承認南京政府。直到 10 月 14 日，法國外長始訓令駐北京大使，如果談判無法推遲，應取得每一個與法國目前地位相關項目之明確定義如多重外交協定，而非「像是一個建交條約的文書。」法方以此作為拖延談判的理由。[26]

當此談判停滯不前期間，南京政府開始對法國露出嘲諷的口氣。一位官員對法國撤銷租界代表布瓦斯宗（Boissezon）表示，「外交承認對南京方面毫無利益可言，倒是一個無能的法國政府才會有利於收回上海法租界的談判。」[27]

據作者分析，維琪方面雖對蔣介石持有意見，但不願背棄重慶這個老朋友。第一，當時中國軍隊即駐紮在中越邊界，隨時有入犯的威脅，法國不想見到越南淪為解決中日爭端的籌碼；第二，法國在國民政府佔領區仍擁有相當大的利益，這是法國在遠東存在並開拓未來遠景的具體保證，不能不珍惜！[28]

（三）中國政策的檢討

作者在結論中，提出法國對中國政策的總檢討，這是從浩瀚如海的檔案中爬梳得來的寶貴心得，值得重視。

經過科學化的研究後，作者認為法國的中國政策，完全被缺乏信任並夾雜著無知兩股力量所主宰。這種無知主要表現在以下幾方面：

---

[26] Marianne Bastid-Bruguiere,〈從法國外交檔案看汪政權和日本的合作關係，1941-1945〉，國史館演講稿，1998 年 4 月。

[27] 同前註。

[28] 作者原書，頁 146。

1. 維琪外交官員的眼光始終注視著德國以及在希特勒主宰下的歐洲；相對而言，中國的份量對法國而言，簡直是微不足道。
2. 政府考慮的順序純粹是從國家民族的立場出發。
3. 在戰爭期間交通信息的中斷或遲滯，同樣讓法國本土無法及時瞭解遙遠的東方情況。唯有當日本威脅到越南的法國主權和面臨三邊協定的簽訂時，遠東在維琪的外交政策中才有它的地位。
4. 以歐洲的視野看遠東問題，這是內閣總理拉伐爾（Pierre Laval）的政策。維琪政府與納粹合作的結果，甚至模糊看到法國扮演東京與柏林居間聯絡人的可能好處，一者可使德國對法國的佔領「鬆綁」，一者或可緩和日本對越南的要求。這是 1940 年代的情況，到 1943 年情勢已改變。由於法國領導人眼瞎所造成的錯誤估計，始終相信德國會獲得最後勝利以便法國附麗的結果，斷送了法國在中國的利益。隨著同盟國的節節勝利，比起中國之加入反抗軸心國，日本在遠東所佔的地位已大為遜色。

   總之，在維琪，一個獨立的中國政策根本不存在。與中國的關係，可說是日本要求下的產物。因此，中法兩國關係以曖昧不明著稱，這主要是負責外交當局行動上始終無法達成共識的結果。早自日本致送越南的第一份最後通牒起，便有外交部長與亞洲司之間的歧見，繼而很快變成外交部與殖民部和亞洲司之間的對立。
5. 除外交部與殖民部之間的齟齬外，個人的意氣衝突往往也超越國家利益。最著名的例子是，法國駐北京大使戈思默與越南總督戴古之間的激烈衝突。兩人的觀念對立，彼此拼死相鬥，簡直不把對方置於死地，誓不罷休。此外，戈思默與馬士理（Jacquin de Margerie，前駐北京公使）、戴古與墨棟

（Mordant，越南軍事最高指揮官）之間的意氣之爭，同樣有損法國的國家利益。[29]

作者以上五點總結論斷，是全書的精華，十分精采，值得治中法外交史者反覆三思！

三、對本書的總評

本書以檔案材料取勝，這是外國研究工作者不易做到的苦差事。作者除了充分利用維琪政府的豐富檔案並參考若干當事人，如戴高樂（Charles de Gaulle）、魏剛將軍（général M. Weggand）、薩郎（Raoul Salan）、墨棟將軍、紀業馬將軍（général Jacques Guillermaz）、張發奎等人已出版的回憶錄之外，為了研究需要，還做了若干當代人的口述訪問，包括前駐華武官、中國問題專家、剛去世不久的紀業馬將軍，前駐上海領事館隨員（1928-1943）、天津領事館領事（1943）的卡唐（Georges Gattand）以及 1937 年至 52 年曾在雲南擔任神職的巴塞隆納神父（Père Barcelone）。這些訪問可以彌補前人的闕漏和歷史的空白。所以本書既是開路先鋒之作，又是迄今為止，有關維琪政府時代中法關係（含越南問題）最言之有據又最深入的一本學術性專著。

法國學者運用法國檔案，不僅責無旁貸，而且應該優於外國人，遊刃有餘，這是他們的初步貢獻，但卻不能以此為滿足。當代任何一段外交史的研究，幾乎都可視為國際關係史的一部分。維琪政府的這段中法交涉，至少涉及中國（包括重慶與南京）與日本，但我們並未發現，作者利用任何日本或中國的檔案，做為交叉說明，以致歷史幾乎變成單向發展，減低了它的衝擊性與多面性，這是美中不足，較覺遺憾之處。

---

[29] 作者原書，頁 296-297。

誠然，中國檔案（無論台北或南京）的充分開放與利用尚有限制和困難，但至少以下三種資料，作者應該加以平衡運用，或許可使本書的視野更開闊，討論更為全面。

(一) 秦孝儀主編，《中華民國重要史料初編——對日抗戰時期》，第三編，戰時外交（全三冊）。取材自「總統府機要室檔案」，其中第二冊選載有中法關係檔案 74 件，甚具史料價值。

(二) 中華民國外交問題研究會編，《中日外交史料叢編》，1967 年編印，1995 年由中國國民黨黨史委員會再版發行。共九冊，其中第六冊的《抗戰時期封鎖與禁運事件》，頗多我外交官員與法越當局的交涉紀錄，值得參考。

(三) 《顧維鈞回憶錄》（Reminiscences of Wellington Koo），這是美國哥倫比亞大學的口述訪問紀錄，後經大陸中國社會科學院近代史研究所翻譯，由中華書局出版（1983-1994 年），共十三分冊。其中第三、四分冊，載有顧維鈞與法國政府官員談判交涉的實錄，至為精采，可以充分表述國民政府的嚴正立場。

（原載《中國現代史書評選輯》，
第 23 輯（台北：國史館，1999 年 12 月），頁 245-257。）

張戎：《毛澤東：鮮為人知的故事》

書　　名：毛澤東——鮮為人知的故事
作　　者：張戎、喬・哈利戴（Jon Holliday）
出 版 者：香港開放出版社
出版時間：2006 年 9 月
訂　　價：港幣 148 元
頁　　數：655 頁

一、關於夫妻檔作者

作者張戎和她的先生

張戎，女，1952 年出生於四川宜賓。文革中做過農民、赤腳醫生、翻砂工和電工。父母都是忠貞的共產黨員，父親擔任過四川省委宣傳部副部長，在文化大革命期間，父母慘遭紅衛兵和造反派的批鬥。1973 年就讀於四川大學外文系，畢業後留校當助教。鄧小平倡改革開放後，1978 年留學英國，翌年入約克大學（York University）專攻語言學，1982 年獲博士學位，為中共執政以來第一位獲英國博士學位的中國大陸人。曾在倫敦大學亞非學院任教。

1991 年，自傳性著作—《鴻：三代中國女人的故事》（Wild Swan-Three Daughters of China）出版，成為英國出版史上非小說類最暢銷的書籍，被讀者評選為二十世紀最佳書籍之一，已譯成三十多種文字，全球銷售量達一千二百萬冊。2005 年 5 月，和丈夫哈利戴合著的傳記——“Mao: The Unknown Story”出版，迄今已出版將近三十種文字版本，在許多國家登上暢銷書榜，被譽為「一部震撼世界的書」。

喬・哈利戴出生於愛爾蘭的都柏林，畢業於英國牛津大學，曾任倫敦大學國王學院資深訪問研究員，通曉七、八種語言，研究蘇聯和東歐共黨史，是位作家和歷史學家，編著八種書籍。

二、一波三折的中文版

張戎夫婦為撰寫毛澤東傳，前後花費十二年時間，遍訪各國政要，其中包括美國前總統福特、前國務卿季辛吉、達賴喇嘛、李光耀、史達林與赫魯雪夫的翻譯等。在台灣的則有張學良、蔣緯國、陳立夫、李煥、王昇、秦孝儀、俞大維、錢復、衣復恩、胡秋原、陸鏗等名人。還有毛身邊最親近的人：保衛的、理髮的、掌杓的、購物的、陪睡的……達十八人以上。他倆同時深入俄羅斯、阿爾巴尼亞、東德、美國、英國等二十八個檔案館，取得第一手史料。全書共 58 章，英文版 814 頁，中文版近 700 頁，其中單是採訪名單便多達 20 頁，而中外文徵引文獻書目更長達 60 頁，可謂既豐富又廣泛，揭開了蒙住許多西方人眼睛的有關毛澤東的迷霧。

英文版出版後，中文版則由張戎親自翻譯，本來交由台灣的遠流出版社出版，但因書中指胡宗南將軍可能是「紅色代理人」，遭到胡宗南之子、現駐新加坡代表的胡為真以及胡宗南的門生部屬的抗議，先後在報刊雜誌上駁斥張戎觀點的言論，並曾於一篇題為〈為胡宗南上將討公道〉的文章中嗆聲：若張戎不刪除或修改毛傳中有關胡宗南的部分，一定要控告她「誹謗國家忠良」，並訴求兩千萬美元的賠償。

無法協調令雙方完全滿意的遠流出版社，最後不得不放棄出版權，賠錢了事。然在廣大中文讀者殷切期待下，終於改由香港開放出版社接手出版。一度揚言控告作者的「王曲聯誼會」（由中央陸軍官校第七分校校友組成，會員多為胡宗南的門生舊部），在會長孔令晟將軍與胡為真合議後，最後並說服聯誼會其他成員，採「溫和中庸路綫」，達成暫不採法律行動的共識。一場有關胡宗南紅色爭議的出版官司，所幸沒有上演。

三、爭議性的內容

毛傳出版後，由於內容頗具爭議性，肯定者固然有之，批評者亦復不少，其威力就像一顆原子彈，引發爆炸性的效應。台灣學界的反應尤其強烈，史學家李恩涵幾乎持完全否定態度，他認為張戎的書，由於作者沒有嚴格遵守嚴肅性史學著作的一些基本原則，反而想對毛澤東作蓋棺式的全盤否定，雖然她聲稱下過了十多年的工夫，去搜集各國現存的原始與第二手資料，但由於作者本人缺乏史德，成見特深，無法對毛澤東、胡宗南等人物做出公正、客觀而具有說服力的觀察與判斷（張戎大約只是一位具有文學氣質的文藝人士，其史才與史識都無法使人認為她是一位史學者）。她在史料的判斷過程中無法在史料「外部」與「內部」兩方面的考察上作出公正客觀的判斷，她的新著經過史景遷（Jonathan D. Spence）等人的嚴厲批評之後，大約已降低至稗官野史之類的著作了，並無真正的客觀性、學術性的價值。

專治中共黨史的陳永發教授，除指出全書一開始便定下批鬥毛澤東的基調外，從史實的角度替作者綜合提出一些真正不為人知，甚而駭人聽聞的見解，其中包括：

—毛澤東在陝北藉口肅反，肆行逮捕，再大喊刀下留人，藉以騙取土共領袖劉志丹的好感，隨後派之前往前綫作戰，並乘戰場混亂加以暗殺。

—毛澤東唆使親信醫生在藥方中摻雜毒物，蓄意謀殺抗戰期間和他分庭抗禮的對手王明。

—毛澤東在內戰期間向蘇聯大量輸出糧食，造成東北嚴重饑饉，也使陝北成為餓鄉。

—毛是戰爭販子，指使北朝鮮的金日成侵略南韓，以便從蘇聯訛詐大量的現代化軍事裝備，並貿然發動八二三金門砲戰，以便逼迫蘇聯提供原子彈樣本和投射工具。

—毛在大躍進前夕，明明知道糧食已經短缺，卻故意製造糧食增產的曠世紀錄，以便有藉口竭澤而漁。

—毛為了個人復仇，發動文化大革命，通過抄家沒收善本書籍以充實其個人書屋。

—毛不在乎死後留名，只注意生前享受權位，所以在臨終前兩年，明知鄧小平、周恩來和葉劍英已經掌握實際權力，卻只提醒他們不要在他死前搞政變，而不顧死後文化大革命體制能否繼續維持。

除以上這些缺乏足夠證據、甚至有一些根本是子虛烏有的見解外，張戎還提出兩個聳動聽聞的新見解：

—強調中共所謂「兩萬五千里長征」的英雄事蹟完全出於捏造，若非蔣介石為換取史達林對其兒子蔣經國的照顧，以及趁機收復西南各省軍政大權，所以故意暗中放行，否則毛澤東根本不可能率領紅軍安抵陝北黃土高原。

—毛澤東在蔣介石陣營裏安置了四個「紅色代理人」—邵力子、張治中、衛立煌以及胡宗南。這四個人皆有扭轉乾坤之功，毛全靠他們的吃裏扒外，才贏得國共內戰。其中三人在毛佔領中國大陸前後相繼投共，僅胡宗南一人不曾暴露其政治面目，終其一生以反共聞名，最後埋骨台灣孤島。

四、胡宗南是「紅色代理人」乎？

書中最引起爭議的莫如，胡宗南可能是「紅色代理人」嗎？有確鑿的證據嗎？原書第二十九章標題為「蔣介石失去大陸」，內容說：「胡宗南是國民黨黃埔軍校第一期畢業生。那時莫斯科出錢出師資助建軍校，當仁不讓地埋下了若干紅色代理人，經手人主要是軍校政治部主任周恩來。據胡的部屬在台灣編寫出版的《胡宗南先生與國民革命》所述，軍校裏，大家都認為胡是共產黨員，原因之一是他與軍校衛兵司令胡公冕過從甚密，而胡公冕是公認的共產黨員。……抗戰時期蔣介石派胡宗南守在延安的南邊，胡宗南時常派人去延安，派的就是胡公冕。今天的中共資料明確指出，胡公冕為紅色代理人。

香港作家胡志偉訪問孔令晟，對此點指控提出辯解說：「在容共團結抗日的年代，中共黨員並不犯忌，黃埔校友之間的友誼也常常是超黨派的。胡宗南自然也不例外，他和胡公冕在黃埔軍校教導團共過事，北伐時胡宗南在胡公冕部下當營長，胡公冕調任國民革命軍總司令部副官長時保舉胡宗南繼任團長，所以兩人有著長官部屬關係，胡公冕有恩於胡宗南，二人結成金蘭之交。……當戡亂戰事急轉直下時，胡公冕以國軍少將身分率部投共，這是胡公冕本身的人格和節操問題，不能因此連帶誣指胡宗南是匪諜。

孔令晟還指出，張戎把中共埋伏的諜報人員熊向暉（任胡的機密參謀多年）的罪孽完全加在胡宗南身上，並不公平。此事只能說明胡宗南為人憨厚善良。李恩涵也同意，胡宗南的缺點，在過於深沉和過於自信，因而經常有識人不明、百密一疏之處。

五、精彩片斷偶拾

張戎的毛傳，雖然褒貶不一，但做為一部通俗作品，仍具甚高可讀性，因其內容豐富，精彩萬分。作者對中共領導人的品評，也入木三分。諸如：

—毛澤東道德觀的核心是：「我」高於一切，完全隨心所欲。對義務與責任概不承認。「良心」只是為毛的「衝動」而服務的工具。對毛來說，任何成就只有在現實生活中能享受到的才有意義。他完全不屑於追求「流芳千古」。

—周恩來以在外交舞台上風度翩翩而舉世聞名，他是一個難得的行政管理家、傑出的組織者，具有一絲不苟的嚴格紀律性。對莫斯科的指示奉若神明，天性裏却似乎又有奴性，無論主子怎麼鞭笞他，他都甘心領受。他沒有做頭號人物的野心，遵毛之命，不斷對自己口誅筆伐，無限上綱，用詞之嚴峻，使聽眾都為他難過。真正的周恩來，是個強韌決絕、無情無義的執行者。他忠實地信仰共產主義，甚至不惜扭曲個人人格。

—林彪有三個特點吸引了毛，一是軍事才能。二是他不守紀律，部隊裏的人都知道，林手腳不乾淨，常私自留下繳獲品，像金戒指等，還染過淋病。三是自尊心極強，絕對不能忍受批評。朱德作為上級批評過他，因此對朱德懷恨在心。

—數十年的共產黨生涯把鄧小平訓練成為喜怒哀樂不形於色的寡言之人。寡言的一個好處是他喜歡開短會。中共奪取大陸後他負責大西南，開的第一次軍政委員會全體會議只花了九分鐘，與一次開會講了九個鐘頭話的周恩來迥然有別。有人說，周的風格是舉輕若重，鄧是舉重若輕。鄧處事果斷，不少複雜的政務都是在橋牌桌上解決的。

當然，本文限於篇幅，無法多舉，並加論述。有興趣的讀者，不妨購讀本書，細加品嚐！

（原載《僑協雜誌》，102 期，民國 96 年 1 月）

茅家琦：
《蔣經國的一生和他的思想轉變》

作　　者：茅家琦
出 版 者：台灣商務印書館
出版時間：2003 年 6 月
頁　　數：457 頁
定　　價：新台幣 480 元

一、海峽兩岸出版的蔣傳

據說，蔣經國生前並不喜歡別人為他寫傳、立傳。在經國先生不平凡的一生中，充滿著神秘感，所以有關他的傳記著作，比起同時代的歷史人物，尤其較之後來接任他總統職位的李登輝而言，並不算多。早期資料缺乏，坊間所能看到的不外是《蔣經國浮雕》（風雲論壇社，1985 年 4 月）、《蔣經國研究》（李敖出版社，1987 年 7 月）等不成系統的文集。喧騰海內外最久，爭議性最大，也最受矚目的是劉宜良（江南）所撰的《蔣經國傳》（後有李敖，前衛等版本），江南因而遭到殺身之禍。其後，曾任蔣經國隨從秘書的漆高儒，先後出版了《蔣經國的一生——從西伯利亞奴工到中華民國總統》（傳記文學，1991 年 3 月）、《蔣經國評傳——我是台灣人》（正中書局，1998 年 1 月）兩書，從眾所周知的史實到鮮為人知的第一手資料，從社會的評價到歷史的批判，解讀蔣經國的一生。此外，前任美國中央情報局（CIA）副局長、喬治城大學戰略及國際研究中心主任克萊恩（Ray S. Cline）於 1950 年代末期到 60 年代初期，擔任該局駐台代表，與蔣經國由公務而私誼，訂交數十年，他所寫的《我所知道的蔣經國》（聯經出版公司，1990 年 2 月）一書，有日常行誼的描繪，也有國事秘辛的揭露，頗值一讀。還有，曾先後任職台北、北京的美國大使館，現為哈佛大學費正清研究中心研究員的陶涵（Jay Taylor）也著有一本《台灣現代化的推手——蔣經國傳》（時報文化，2000 年 10 月），本書引用了美國中情局、國防部、國務院等單位尚未解密的文件，相當珍貴。

大陸方面，蔣經國自是繼蔣中正（介石）之後，各界咸感興趣亟思探研的歷史人物之一，但成果亦屬不多。坊間所見，不外彭哲愚、嚴農著《蔣經國在莫斯科》（1986 年）、李玉貞的《十二春秋愛與恨——蔣經國旅蘇生活秘聞》（北京中國友誼出版社，1994 年）、徐浩然的《蔣經國在贛南》（台灣新潮社，1993 年）、李松林的《蔣經國的台灣時代》（風雲時代，1993 年 12 月）。吉林人民出版社所推出的九冊「蔣家書系」中，有一冊是《蔣經國全傳》。李松林是首都師大教授，他與陳太先合著的《蔣經國大傳》（北京團結出版社，2002 年），上、下兩厚冊多達六十四萬字，是一部名副其實的大傳，但該書以四分之三的篇幅，重點分析了蔣經國來台以後的活動，這應該是《蔣經國的台灣時代》壹書的增訂本。

二、茅著的三大特點

本書作者茅家琦，1927 年生，江蘇鎮江人，係南京大學歷史系資深教授，在大陸史學界頗享盛名。早年師從羅爾綱、陳恭祿教授研究太平天國史，80 年代開始研究晚清及 1949 年以後的台灣史，先後發表論著十餘種，主要有《太平天國興亡史》、《太平天國對外關係史》、《台灣三十年（1949-1979）》、《八十年代的台灣》、《李國鼎與台灣財經》、《孫中山評傳》（合著）等專書。

據作者認為，蔣經國是一位政治人物，不同的政治態度，不同的研究角度影響著對蔣經國的評價，這是可以理解的。檢討過去的研究成果，茅教授認為有下列三方面明顯的缺陷：

第一、在資料方面，一個普遍的現象是，沒有充分利用已經公開出版的蔣經國的言論和著作，即使是陶涵的蔣傳也沒有做到這一點。

第二、對於蔣經國生前的活動以及他所處的時代背景寫得比較多，對蔣經國思想的提煉與分析則明顯不足，這就使得傳記的深度不夠。

第三、從對中國社會發展的影響和作用，分析蔣經國的活動和思想明顯欠缺。這一點正是歷史學家研究歷史上的政治人物首先要考慮的問題。

作者既然指出前人不足的地方，也就希望自己在上述三方面多下工夫，有所超越。

根據政治大學歷史所教授蔣永敬的序指出，這本新著最重要的特色是，它充分利用了傳主蔣經國本人的大量著述，亦即二十四冊的《蔣經國先生全集》（行政院新聞局出版，1992 年）。作者辛勤的爬梳了這一大部頭的書和豐富資料，填補了前人所忽略的「大漏洞」，所以寫出來的傳記，自是言必有據，可以讓資料充分說話，不致於天馬行空，或以妄加臆測為能事！

三、勞改乎？棋子乎？

蔣永敬教授還指出，這本著作至少表現出準確度、深度和廣度三個特色：

第一、就準確度言，該書對於過去一般傳記中若干爭議性或模糊不清的問題，做了準確的研判或澄清。即以蔣經國留蘇十二年的經歷而言，有的傳記雖曾參考他的回憶和著作，但不免斷章取義，偏離史實；有的則忽略利用，對於發現的問題，缺乏驗證，以致模糊不明。例如，蔣經國之被送到西伯利亞並非「勞改」，不是度著「飢寒交迫」的「集中營」生活，像一場顛沛流離的噩夢，[30]而是有相當好的公寓可住，有相當可觀的月薪可拿，甚至維持著不時還可以招待賓客的優裕生活，一切實由史大林一手安排，乃其手中的一顆「棋子」也。

四、上海打虎的思想淵源

第二、就深度而言，該書對蔣經國的研究範圍包括兩方面，一是他的生平活動，一是他的思想形成及演變。兩者皆受時代環境的影響。欲求深入了解，必須追根溯源，理出脈絡，明其因果關係。以蔣經國在上海「打虎」而言，表面觀之，似為一時衝動，憑藉著其父權勢，敢作敢為。經過作者追根溯源，認為顯與蘇聯經驗有關：「正是模仿蘇聯的統制經濟」；與其馬列主義之薰陶，「階級鬥爭」的觀念，大有影響也。故其「打虎」時，公開提出「打倒豪門資本」；與人談話時，經常以「大資產階級」來稱呼

---

[30] 漆高儒，《蔣經國的一生——從西伯利亞奴工到中華民國總統》，頁7。

孔祥熙、宋子文。他在蘇聯也接受「民粹派」到民間去的思想，深入民間訪貧問苦，同情貧苦的人民大眾，對於富人與窮人有截然不同的思想感情。這種思想觀念，不但表現在贛南時期的「蔣青天」，也表現在台灣時期的勤政愛民，不只是到農村、登高山、訪漁民，甚至還戴上安全帽、白手套，穿上雨靴，深入距離地面一千八百五十公尺的礦坑中，去實際了解礦工的甘苦。這一切的行為活動，實出自他的思維模式，發自內心，非如一般政客的「作秀」也。

第三、就廣度言，以著者分析蔣經國「推動民主憲政改革的內外因素」為例，把這個多層面的問題，作了系統的處理。首先，以大陸方面的觀點，肯定中共的「和平統一，一國兩制」方針，緩和了台海形勢，給蔣經國帶來機運，其一，是改善了台灣的投資環境，提高了國外企業和華僑企業對台投資的興趣，從而推動台灣經濟的快速發展。其二，是使蔣經國得到了一個放手在島內進行民主憲政改革的和平環境。再就內外因素而言，內在因素是島內一連串的政治衝擊，例如黨外勢力發展、江南命案、「十信」弊案；外在因素是東亞兩個獨裁政權垮台的殷鑑，一為韓國全斗煥的垮台，一是菲律賓的「人民起義」趕走馬可仕。更為重要的，則是蔣氏本人的主觀因素，其一是他與時俱進、清晰地覺察到時代潮流、民主憲政不可阻撓。其次，是他的健康問題，使他推動民主憲政改革的信念，比起他的同僚顯得更加迫切。

這一宏觀分析，所見之廣，對於一個由馬列主義者轉變為民主憲政改革的推動者，由一黨專政獨裁轉型為競爭政黨的肯定，富有啟發性與前瞻性。

五、接班人問題

茅著內容豐富，觀點新穎，在此無法詳為介紹，有興趣讀者不妨自行購閱。國人最關心在意的，恐怕是蔣經國生前安排誰接他的班？是否安排李登輝接班？這是經國先生去世之後最具爭議的一個問題。頗有人認為，1984 年國民黨十二屆二中全會，蔣經國捨謝東閔而改提名李登輝為副總統候選人，是一項不可彌補的失策。本書作者廣引蔣孝勇、李煥、郝柏村的回憶，以及陶涵的《蔣經國傳》和楊俐的《孫運璿傳》等著作，對此一問題有比較合乎邏輯而客觀的分析。

首先，茅家琦指出，選擇自己的競選夥伴，是民主政治的常軌。指定「接班人」，則是專制獨裁政治制度下的產物。蔣經國於 1985 年 12 月 25 日在國民大會的一次口頭補充發言，曾說：「總統繼任者的問題，……只存在於專制和獨裁的國家」，在以憲法為基礎的國家，「下一任總統，必然會依據憲法而產生，那就是，由貴會先生們代表全國國民來選舉產生之」。由此可見，蔣經國既然在台灣推動政治改革，以民主憲政為號召，他不會也沒有指定自己的「接班人」或曰「繼承人」，這個決策是可以理解的。如果勉強要說經國先生心目中有無「甲意」的人選，綜合各方說法，他曾經寄望於政治上的左右手，時任行政院長的孫運璿，後來因孫氏一病，可能把整個佈局都打亂了。

其次，我們明白，蔣經國選擇李登輝作他的副總統，與選定他的黨、政職

務的「接班人」，亦是截然不同的兩件事。根據蔣孝勇、李煥、郝柏村等人的回憶，這一點非常明確。蔣氏一度有設副主席之議，考慮人選是郝柏村，但因郝的軍職問題而遲遲沒有解決，聽說李煥對副主席一職是有所期待的。一般而言，副總統位尊而權不重。據蔣方智怡（蔣孝勇夫人）追憶，經國先生在總統府共接見過李登輝三十二次，卻從未在寓所特別接見，[31]可見兩人關係是「敬而不親」，副總統不必然就是副主席，所以後來也就沒有設。

1988 年 1 月，蔣經國的猝逝，不但使副總統李登輝順理成章成為法定繼承人，登上總統寶座，也意外的使他又出任國民黨主席，兩者合而為一，攀上權力的最高峰，將不可能變為可能，是人意的失算抵不過天命的主宰，抑冥冥之中早有定數。這是歷史的偶然乎？必然乎？思之豈止令人唏噓而已！

（原載《僑協雜誌》，83 期，民國 92 年 10 月）

[31] 〈台灣情，本土心——蔣經國先生逝世十五週年紀念口述歷史座談會紀錄〉，《近代中國》，153 期，頁 10。

林桶法：《1949 大撤退》

書　　名：《一九四九大撤退》
作　　者：林桶法
出 版 者：聯經公司
出版時間：2009 年 8 月初版
頁　　數：539 頁
定　　價：390 元（平裝）

一、關鍵的年代：1949

在人類歷史上出現許多關鍵的年代，它可能是一場戰爭的爆發，如 1914 年的歐戰；它也可能是一個條約的簽訂，如 1895 年中日馬關條約；它同樣可能是一場瘟疫的開端，如 1340 年蔓延於歐洲的黑死病；或是一場革命的開始，如 1917 年的俄國革命、1966 年中國大陸的文化大革命。但最受關注的則是朝代興亡或政權更替的年代，如 1911 年的辛亥革命乃至 1949 年中華人民共和國的誕生。這些關鍵的年代往往改變了許多人的命運，進而造成家破國亡，甚至民族的危機。

就國共兩黨長期鬥爭的歷史而言，1949 年是一個最具關鍵性的年代。這一年，對國民黨所領導的國民政府來說，稱得上是最黯淡的一年，尤其到了下半年更面臨一個真正的「危急存亡之秋」，無論軍事、政治、財政或外交皆瀕臨絕境。對蔣中正總統而言，1949

年同樣是一個關鍵的年代。這一年，他被逼第三次下野，遭逢革命生涯中最大的一次挫折，也是他一生中最感屈辱的一年；這一年，國民黨所領導的國民政府失去中國大陸的統治權，多少外省軍民顛沛流離，輾轉逃難來台，將他鄉變故鄉，重新開啟人生的第二春。

今年是 2009 年，距離中央政府遷台，恰好六十年，距離中共建政亦同樣六十年，又逢美國史丹福大學開放「蔣介石日記」，所以兩岸有關 1949 年的研究和論述，自然成為最夯的焦點。信手拈來，在台灣便有劉維開的《蔣介石的 1949—從下野到復行視事》（時英出版社，2009）、林桶法的《1949 大撤退》（聯經公司，2009）、曾健民的《1949—國共內戰與台灣》（聯經，2009）、張典婉的《太平輪 1949》（商周，2009）、林博文的《1949：石破天驚的一年》（時報，2009）與《1949：浪濤盡英雄人物》（時報，2009）、于勁的《上海 1949：山雨欲來（上）與豪華落盡（下）》（風雲時代，2009）以及作家龍應台的《大江大海—1949》（天下雜誌，2009）等多種著作問世，令人注目。本文先介紹《1949 大撤退》一書。

二、蔣中正為什麼下野？

輔仁大學林桶法教授的大作，共分十五章，記錄了歷史上最重要的大轉折時刻。因為 1949 年的「大遷徙」，是一個強烈的時代印記。蔣介石為什麼要下野？他決定來台的原因與時機是什麼？政府各部會遷台的經過如何？外省人遷台有哪些困境？1949 年的大規模戰後移民潮，究竟在台灣歷史上佔據著什麼樣的地位？作者爬梳無數的檔案，參考大量的著作，一一為我們找到答案。

蔣的下野反映了國民黨內部複雜的人際關係。大家最感興趣的是蔣為什麼要下野？是內外交困的結果嗎？作者對此提出四個主要原因作為說明：

（一）桂系的逼宮

1948 年底前後，政府不僅剿匪軍事失利，幣制改革亦不見成效，物價飛漲，學生運動頻繁，社會動盪不安，失敗主義瀰漫，內部對中共的和戰意見紛歧，部分軍政要員力主與中共言和，妄圖劃江而治，甚至認為蔣介石為和平的障礙，醞釀要蔣下野，其中以桂系及一些地方派系最為積極。首先發難者為華中剿匪總司令桂系的白崇禧將軍，12 月 24 日，白崇禧致電蔣氏，即通稱之「亥敬電」，促請政府與中共和談，電稱：「民心代表軍心，民氣猶如士氣，默察近日民心離散，士氣消沉，遂使軍事失利，主力兵團損失殆盡。……言念及此，憂心如焚。我辱承知遇，垂念餘年，當茲國家危急存亡之秋，不能再有片刻猶豫之時。倘知而不言，或言而不盡，對國家、對鈞座為不忠，對民族為不孝，故敢不避斧鉞，披肝瀝膽，上瀆清聽，並貢芻蕘：（一）先將真正謀和之誠意轉知美國……，請美國出面調處，或徵得美國同意，約同蘇聯共同斡旋和平；（二）由民意機關向雙方呼籲和平，恢復談判；（三）雙方軍隊應在原地停止軍事行動，聽候和平談判解決。」然而究其用意，實際在迫蔣氏下野。白崇禧是桂系主要領導之一，與蔣中正長期處於既合作又對立的關係，他之所以會在此時要求蔣氏下野，除了對情勢的洞察外，並不排除與派系本身的利益及以及個人對蔣氏的不滿有關。

（二）美國的默許

桂系積極逼蔣下野，除基於本身利益的考量外，同時也獲得來自美國若干人士的支持。自馬歇爾調處國共和談失敗後，美國對國府的態度轉趨冷淡。美國駐華大使司徒雷登（John Stuart Leighton）曾暗助李宗仁競選副總統，對之期望甚高，他曾向國務院明白請示，可否勸蔣退休，而讓位於李宗仁。司徒雷登甚至認為，蔣是和平的絆腳石。把蔣下野當作促成國共談判的必要條件，的確給蔣不小的壓力。

（三）中共的逼迫

中共除軍事步步進逼外，亦拉攏在香港的李濟琛等人串聯國內政治人物及地方軍人響應倒蔣運動，企圖不戰而屈人之兵。1949年1月14日，毛澤東正式提出媾和八條件，發動各種宣傳謂「蔣不下野，中共不和談」，「蔣不下野，美援不來」等口號。確實而言，國共和談只是手段，逼蔣下野才是目的。

（四）各方主和聲浪

國共內戰之際，學生及自由主義學者大都反對內戰，主張和平，地方議會及許多將領亦要求和平。不少知識分子，特別是標榜自由主義的知識分子更希望和平。《觀察》雜誌的作者群大都呼籲國共和談。

對中共一向主張「能戰而後可和」的蔣中正，面對桂系、中共、美國及和平輿論的壓力，在做了各項準備之後，終於1949年1月21日宣布引退，暫時回到溪口，過著一段「心地安閑，如釋重負」的悠遊歲月。

三、蔣中正為何來台？

台灣是蔣氏下野後安排退路的選擇之一，而不是唯一的選擇。蔣的部署是多方面進行的，他在引退之前尚對南京抱固守之決心，並做若干的軍事部署，先守長江，長江不保，全力守上海，上海被佔，將重心移往東南的廣州與西南的重慶和台灣。故此時蔣尚寫信告訴在美的宋美齡表示：「政府絕不遷台，兄亦不即刻赴台。」

蔣本人決定來台，時間應該是 1949 年 4 月底，亦即國共北平談判失敗，李宗仁一再進逼，加上中共渡江，上海已有立即性危險之際。至於整個政府遷台的決定，應是 5 月的定海軍事會議，而 5 月 16 日國民黨中央會議上也再度確定。

蔣是一位相當有主見的人，分析他之所以決定到台灣的原因，除了他對台灣的印象不錯外，幕僚如陳誠、陶希聖、張其昀等人的建議應具有一定的影響。尤其張其昀從地理的角度，對台灣的地位做了兩點重要分析：

1. 台灣海峽海闊浪高，能暫時阻止沒有海軍、空軍的共軍乘勝追擊；
2. 台灣做為反共復興基地比其他地區更具優越之處，因為土地利用率高，糧食農產量可滿足軍民所需；台灣島內交通便利，具工業基礎，有利經濟發展；軍事上易於防守，扼太平洋西航道之中，與美國的遠東戰略防線銜接；台灣經日本五十年的統治對中央政府有一種回歸感，且較少共黨的組織與活動。

這樣的分析，對蔣之來台自有相當大的影響。

四、外省軍民大遷徙

無論軍民，每一個來台的移民都有一段艱辛的故事。有的未能抵台就罹難，發生在 1949 年初的「太平輪事件」只是其中的個案。幸運來台者也付出極大的代價，當初來台從沒想到被迫離鄉後，要等到三、四十年後才能返鄉，真有「少小離家老大回，鄉音無改鬢毛衰，兒童相見不相識，笑問客從何處來」之嘆！

究竟有多少軍人來台？若以 1945-1953 作為粗估的斷限，大抵有五十萬、六十萬、八十萬到一百萬等各種不同的說法。作者綜合各種資料作如下分析：1945-1949 年間，國軍到台灣者大約五十萬人；其後又有軍隊陸續退至台灣，1950 年 5 月部署於舟山群島的軍隊七萬餘人，另有約五萬青壯民眾隨軍來台，合計約十二萬人。從海南島撤退約二萬餘人，1953 年黃杰的部隊從越南富國島來台的軍民約 26,028 人，加上 1953 年之後有些軍隊陸續轉進來台，如 1954 年 1 月從韓戰的華籍戰俘來台近萬人（有說一萬四千人），滇緬李彌的殘部約三千人。總共部隊約六十餘萬人。

至於公務人員及一般民眾，據估計 1945-1948 年年底來台的外省人大約為十七萬，1949 年大約為三十餘萬人，合計 1945-1949 年年底從大陸來台的人數約五十萬人，加上 1950-1953 年大約有十餘萬人輾轉來台。故以此推估，兩者遷台的人數大約六十餘萬人。軍民合計約一百二十餘萬人，而 1953 年台灣人口總數約八百餘萬人，故外省人佔當時的人口七分之一左右，大約 14.89%。大量外省人遷徙來台，與台灣同胞在情感上和血緣上密切結合在一起，但在某一層面上而言，亦有其歷史上的斷裂和省籍間的衝突。這個歷史現場不斷提醒我們：命運共同體的斷裂與重生。

林桶法教授，台灣屏東人，歷史科班出身，是壯年一輩用功甚勤、成就甚大、極富潛力的一位史學工作者。本書是他的代表作，亦是經典之作，他將因本書而成大名。關心 1949 年這一關鍵年代歷史的讀者，不可不讀本書。

（原載《僑協雜誌》，120 期，民國 99 年 1 月）

輯二

勤工儉學篇

王永祥：《中國共產黨旅歐支部史話》

書　　名：中國共產黨旅歐支部史話
作　　者：王永祥
出 版 者：中國青年出版社
出版時間：1985 年 4 月
頁　　數：正文 280 頁，附照片

一、前言

有關勤工儉學的研究，自二十多年前美國學者布蘭德（Conrad Brandt）[1]首開風氣之後，晚近已獲得海內外學者專家更大的注意。[2]近年來，除各項文獻資料的陸續整理出版外，研究成果的相繼發表也頗有可觀，甚至已成為學院中博、碩士論文的寫作熱門題材。可惜後一項資訊在國內比較不易獲得，就個人所知，其中較著名的有美國的 John Kong-Cheong Leung、[3]Marilyn Avra Levine；[4]法

[1] Conrad Brandt, "The French-Returned Elite in the Chinese Communist Party," in *Symposium on Economic and Social Problems of the Far East* (Hong Kong University Press, 1962).

[2] 例如美國的 *Republican China* 季刊，曾於 1988 年 4 月出版「勤工儉學」專號，約請各國學者撰文，共襄盛舉。

[3] John Kong-Cheong Leung, *The Chinese Work-Study Movement: The Social and Political Experience of Chinese Students and Student-Workers in France*, Doctoral Dissertation: Brown University, 1982.

國的王楓初（Nora Wang）、[5]Judith van der Stegen；[6]香港的陳敬堂[7]等人，相信假以時日，俟資料更詳全後，當會有更多的人投入研究，不斷的有更多的新專題著作出現。

在史料方面，大陸續有張允侯等所編的《留法勤工儉學運動》第二冊的出版，但與第一冊前後相隔近六年，頗令人有望穿秋水之感。聞第三冊的出版，因考慮市場銷路，可能有胎死腹中之虞，讓人感慨惋惜！

在專著方面，王永祥繼《留法勤工儉學運動簡史》之後，又與孔繁豐、劉品青三人合撰《中國共產黨旅歐支部史話》一書，對於中共組織在歐洲的發展，有較大視野深入的探討，值得向國內讀者作一評介。

二、內容簡介及其論點

民國 10（1921）年 7 月，中國共產黨在上海誕生了。但早在民國 9 年的夏天，一群以新民學會會員為主的勤工儉學生，就在法

---

[4] Marilyn Avra Levine, *The Found Generation: Chinese Communism in Europe, 1919-1925*, Doctoral Dissertation: University of Chicago, 1985. 此外作者另撰有 “The Diligent-Work, Frugal-Study Movement and the New Culture Movement,” *Republican China* Vol. XII No. 1 (Nov. 1986).

[5] Nora Wang, *Paris/ Shanghai: Debats d’Idées et Pratiques Sociales, les Intelletuels Progressites Chinois, 1920-1925*, Thèse pour le Doctorat d’Etat, Université de Paris VIII, 1986. 此外，作者另撰有“Den Xiaoping: The Years in France,” *The China Quarterly* No. 92 (Dec. 1982), pp. 698-705; “Da Chen Lu: Le Movement du 30 Mai 1925à Paris,” Approches Asie, Nouvelle Série 2e Sem., No. 7 (1983), pp. 1-33

[6] Judith Van Der Stegen, *Les Chinois en France, 1915-1925*, Travail de Recherches de Maîtrise, Université Paris X-Nanterre, 1974.

[7] 陳敬堂，〈中共旅歐總支部之成立〉，香港珠海學院碩士論文，1982。作者另撰有〈進佔里大事件與中共旅歐總支部之成立〉(《香港珠海學》報，14期，1985.05）等相關論文。

國進行建黨的醞釀。民國 10 年春天，他們成立一個共產主義小組。11 年夏天，中國共產黨旅歐支部成立。

談中共組織在歐洲的發展，不能不涉及它的誕生背景——勤工儉學運動。所以作者開宗明義第一章即以〈飄洋過海，赴法勤工儉學〉為標題，並分為五個子題——「留法勤工儉學熱潮的興起」、「打先鋒的人」、「留法勤工儉學運動在四川」、「趙世炎、周恩來赴法」、「海行三萬里」，來敘述吳敬恆（稚暉）、李煜瀛（石曾）等人先後發起「留法儉學會」、「華法教育會」、「勤工儉學會」的經過，以及湖南、四川等省青年，乃至周恩來等人踴躍響應，大批赴法的情形。這些資料在王永祥與張洪祥合著的《留法勤工儉學運動簡史》，張允侯等人和編的《留法勤工儉學運動》以及《周恩來同志旅歐文集和續編》等書中，都一再重複出現，可以說了無新義。

第二章以〈爭生存、爭求學〉的標題，敘述勤工生在法做工求學的情形，主要強調勤工生在「勤工不得，儉學無門」的壓力下，加上「華法教育會」的腐敗，所引發的兩次大波瀾：一次是民國 10 年 2 月 28 日的包圍公使館風潮，一次是同年 9 月下旬的進軍里大事件。這些都是屬於一般背景的交待，也談不上新材料。

第三章的標題是〈旅歐共產主義組織建立〉，共分三節，第一節「我認的主義一定是不變了」，敘述周恩來抵法一年後，由「思想本來未大定」，而確立了對馬克思主義的堅定信仰，並決定要為它宣傳奔走的歷程。第二節「最初的嘗試」，提到最早的兩個社會主義性質的團體——工學世界社與勞動學會，並強調「這種思想的產生和發展，為形成旅歐華人統一的共產主義組織奠定了思想基礎和群眾基礎」。第三節「中共旅歐支部和與旅歐共青團」，指出中共旅歐組織的形成，經歷了中共旅法小組到中共旅歐支部的發展過程。這一節應是本書的重點所在，很可惜，作者只用了 13 頁的篇幅來敘述它，似覺不足。

第四章講〈內部訓練和對外宣傳〉，可以說是本書的最大特色，尤其旅歐黨團組織如何進行共產主義理論的學習，從成立「共產主義研究會」到「共產主義教程」的編寫，到如何獲得周圍法共友人的指導幫助，都是珍貴而過去鮮為人知的一面。至於透過《少年》與《赤光》兩個黨機關刊物的對外宣傳，則並無新鮮之處。

第五章以〈與無政府主義的嚴重較量〉為題，其內容可視為前一章對外宣傳的延伸，強調「這場鬥爭，其直接勝利成果是摧跨了中國無政府派在歐洲負隅堅持的基地，消除了無政府主義在旅歐華人中的嚴重影響，將更多的革命群眾爭取到馬克思主義的旗幟下，而其更深遠的影響則在於鍛鍊提高了第一代共產主義者」。

第六章的標題是〈反對帝國主義列強共管中國鐵路〉，主要敘述因山東臨城案，引發列強在華設立萬國警察共同管理中國鐵路之議，以周恩來為主的共產主義者參加了旅法華人反對列強共管中國鐵路的群眾運動。

第七章冠以〈建立廣泛的革命統一戰線〉的標題，主要內容是國共合作的海外版，兩位主角分別是代表國民黨的王京岐和代表共黨的周恩來。書中並不諱言，統一戰線是共黨進行革命鬥爭的一個重要法寶。在國共合作過程中，共黨始終堅持的策略是：依靠、壯大左派，團結中派，孤立、打擊右派。

第八章〈在華工中展開工作〉，作者列舉中共旅歐黨團組織為華工所做的幾件工作：（1）建立統一的華工總會；（2）舉辦工人夜校和各種工餘學校，組織工人俱樂部，幫助工人學習文化科學知識和馬列主義理論；（3）帶領工人參加各項慶祝和示威活動。

第九章以〈反對國家主義派的鬥爭〉為主題，共分四節，著者指出在共黨創立初期，國家主義派以「外抗強權，內除國賊」為口號，披著「愛國」偽裝進行反動勾當，具有一定的迷惑力和欺騙性。

旅歐共產主義者最早察覺和揭露了這一派別的嚴重危害，與之在理論上、政治上進行了針鋒相對的鬥爭。

第十章的標題為〈聲援五卅運動〉，敘述旅歐華人在法國和德國為聲援五卅運動所掀起的集會示威遊行，反對帝國主義鬥爭。在巴黎，他們分別於 1925 年 6 月 14 日、21 日舉行兩次示威遊行，結果有林蔚等二十多人被捕。旅德的中共黨員朱德、朱煥星等人，為擴大五卅運動的影響，也多次集會，到處演講聲援，結果朱德等四十餘人被捕。

第十一章〈布魯塞爾的戰鬥〉，作者繼〈聲援五卅運動〉之後，把活動舞台伸展到比京布魯塞爾。旅比華人為廢除 1865 年的中比條約，也從 1926 年 10 月下旬開始，接連舉行幾次示威遊行，結果有一、二十人被捕。

第十二章〈投身國內大革命洪流〉，共分三節，第一節標題為「到列寧主義的故鄉去」，作者列舉了自 1922 年秋到 1927 年春從歐洲到蘇聯學習的中共幹部，共有十幾批，約百餘人，其中一部分是中共旅歐支部有計畫派遣的，另外一部分是由於參加聲援五卅運動和廢除中比不平等條約的示威活動而被當地政府驅逐出境，順便被安排到蘇聯去學習的。第二節「回到祖國懷抱」和第三節「戰鬥在大革命的第一線」，則分別敘述周恩來、何長工、趙世炎等人以及到莫斯科的一群，先後返國，投入國內革命工作的情形。至此，中共旅歐支部的活動幾乎停頓，史話也到此告一段落。

三、文獻資料上的特色

作者王永祥等三人因工作（天津南開大學周恩來研究室）上的方便，在撰寫本書時曾得到三方面的幫助：（1）獲得許多單位，如中共中央文獻研究室、中共中央編譯局、中國社會科學院近代史研究所、中國革命博物館、北京圖書館、北京大學圖書館、河北省高陽縣布里村留法工藝學校舊址展覽籌備組、周恩來同志年輕時代在津革命活動紀念館、共青團中央團史研究室等提供他們珍藏的寶貴資料；(2)訪問並請教一些參加過旅法勤工儉學和中共旅歐支部以及旅歐共青團活動的人；(3)得到研究旅法勤工儉學運動史造詣頗深的日本東京大學森時彥教授和法國社會科學高等研究院巴斯蒂教授（Prof. Marianne Bastid）的支持和幫助。因此之故，在文獻的引用和資料的發表上，除一般所常見者外，尚有一些初次披露的「秘笈」。茲舉其較明顯者，分別敘述如下：

(一) 本書引用了早期中共旅歐黨團難得一見的兩種資料，一是《共產主義研究會通信集》，一是《共產主義教程》，前者為「共產主義研究會」所出版，專門刊登黨員學習共產主義理論的有關通訊，包括指定學習書目，選載輔導文章，個人心得體會，同志間相互質詢、答疑、小組討論紀要，以及介紹學習方法等。該通信集約每月出版一號，每號二、三十頁不等，為十六開本，蠟版刻寫、油印。現在只保存下來為數不多的幾期。後者為「旅歐中國共產主義青年團」所發行，根據馬克思思想的科學體系，將其最根本最重要的理論觀點，分作若干專題，用通俗的語言，系統地加以闡述。每號《教程》都有三、四十頁，四萬餘字，可見編寫所費心血之大（參閱本書頁 104-105）。

(二) 本書另外披露了幾件訪問未刊稿，它們是〈周總理旅歐時革命活動片段——李卓然同志訪問記〉(1977.11.17)、〈江澤民：留法、比勤工儉學回憶〉、〈施益生回憶錄〉(1977年 1 月寫，藏於南開大學周恩來研究室)。事實上，江澤民有一篇〈參加留法比勤工儉學的回憶〉，早在 1981 年 5 月即收入《天津文史資料選輯》第 15 輯，另《赴法勤工儉學運動史料》第三冊也收有該文，內容大同小異，只是題目上去掉「參加」二字，改為「留法、比勤工儉學的回憶」而已！但不知這兩篇已刊布的回憶與作者所書的江澤民未刊稿，內容是否有相異之處？

(三) 1979 年 10 月 16 日，巴黎市政府在巴黎第十三區靠近義大利廣場（Place d'Italie）的戈德弗魯瓦旅館（Hôtel Godefroy，位於 Godefroy 街 17 號）牆上，為周恩來塑立了一塊方形的半身銅匾，並於其名字底下鐫刻一行字，載明周在 1921 年至 1924 年留法期間曾住過此處（Habita cet immeuble lors de son Séjour en France de 1921 à 1924）。這家小旅館不僅周恩來等人租住過，也是中共旅歐團組織的所在地；更是其機關刊物——《少年》、《赤光》的編輯所。[8]筆者當年撰寫〈周恩來旅歐時期的政治活動〉一文時，並未將此紀念匾拍照下來。猶憶立碑前後，中共《人民日報》已有所報導，但在書上將紀念匾照片公開披露（本書 96 頁），這恐怕是第一次看到。

(四) 中共旅歐支部的活動基地雖然在歐洲，但輸送幹部到莫斯科東方大學學習，也是他們的目標之一。關於由歐洲前往莫斯科大學的人數和時間，過去像《留法勤工儉學運動》（一）、《天津文史資料選輯》（15 輯）雖有披露，但並不齊全。本書顯然綜合了各項資料，而有較完整的報導，對於這一段史實的比對頗有幫助。茲據本書資料整理表列如下。

---

[8] 陳三井，〈周恩來旅歐時期的政治活動（1921-1924）〉，《中央研究院近代史研究所集刊》，第 14 期（1985.06），頁 267。

時間	名單	附註
1922 秋	張伯簡	旅德黨組織成員
1922 底	蕭子樟（蕭三）	從法國去
1923.3.18	趙世炎、陳延年、陳喬年、王若飛、佘立業、高風、陳九鼎、王凌漢、鄭超麟、袁慶雲、王圭、熊雄等十二人	首批從法國動身前往
1923.11	劉伯堅、李慰農、袁子貞、湯儒賢、蕭復之、馬玉夫、李合林、尹寬、汪澤楷	第二批
1924.9.22	聶榮臻、傅烈、李林、熊味根、胡倫、范易、穆青、錢來杰、陳家珍、彭樹敏等二十餘人	
1924 冬	李富春、蔡暢	
1924	郭隆真	
1925.8	朱德、孫炳文、李大章、房師亮	
1925.10	施益生	
1925.12.4	王極知、許少靈、許祖熊、周文楷、江克明、楊士彬	
1925	劉鼎、王若飛（？）、林蔚、林修杰	
1926.1.7	鄧小平、傅鍾、李卓然、蕭鳴、周介漣、戴坤忠、何嗣昌、傅綸、覃仲霖、陳家齊、傅汝霖、宋法明、滕功成、鄧紹經、汪澤巍、孫發力、傅繼英、歐陽泰、岳少文	
1926.8	劉明儼、胡大才、朱增祥、汪庭賢、徐樹屏、宗真甫、喬丕成	
1926.9	江澤民、謝澤源、方至剛、胡大志、楊品蓀、覃遠猷、湯振坤、海荊州	
1927 春	陳微明	

(五) 本書的另一特色，就是在附錄中考證了中國共產主義組織的名稱。作者指出旅歐團組織從 1922 年 6 月 3 日成立到 1927 年活動結束，前後出現過五種名稱，依時間先後分別是（1）中國共產主義青年團旅歐支部；（2）中國社會

主義青年團旅歐支部；（3）旅歐中國共產主義青年團；（4）中國共產主義青年團旅歐區；（5）中國共產主義青年團旅歐地方團。上述五種名稱，都見之於當時旅歐黨團組織的文件、報告和刊物上。在這些保存於國內外的原始材料中，至今尚未見到過一處有「中國社會主義青年團旅歐總支部」的字樣。因此，作者建議，對於旅歐團組織正式使用過的名稱，應根據同的時期和階段，分別加以稱呼，而不能籠統稱之為「中國社會主義青年團旅歐總支部」。

至於旅歐黨組織的名稱，作者也認為，不是如流行的說法那樣為「中國共產黨旅歐總支部」，而是叫「中國共產黨旅歐支部」，在支部之下，設有幾個黨小組。這與筆者撰寫〈周恩來旅歐時期的政治活動〉時的推斷大致相符。

四、誇張失實，有待商榷之處

邇來中共所出版的一般歷史著作，除了教條味與八股制式仍然充斥外，最大的問題就是喜歡居功，搶領導。本書以勤工儉學運動為背景，敘述中共旅歐黨團組織的誕生和演變，主要以法、德、比三國為活動舞台，而旅歐華人的組成有華工、有勤工儉學生、有學者、有華僑，雖然組織散漫，但各有其一定地位；論政治色彩，除共產黨外，有國民黨、有青年黨、有無政府主義者，雖然立場有異，但在愛國救國的大前提下，可以說人同此心，心同此理，故唯有彼此相激相盪，始能匯眾流而成巨川。有此共識，對這一段歷史始能有較持平客觀的看法。

但在本書討論旅歐華人反對列強共管中國鐵路的一連串運動時，卻大言不慚的說是「中共旅歐支部和旅歐共青團成立以來所領導的第一次規模巨大的公開群眾運動。在這場鬥爭中，中共旅歐支部和旅歐共青團廣泛宣傳黨的『二大』、『三大』制定的民主革命綱領和策略方針，用我黨的路線和政策武裝廣大的旅歐華人，從而使反帝反封建的民主革命大踏步地向前邁進。這是旅歐黨團組織用辛勤的勞動，艱苦的努力，取得的豐碩成果。反共管鬥爭的實踐，也使人們看到，以周恩來為首的旅歐共產主義者，不僅堅定地忠實於馬克思主義基本原理，而且十分注意結合中國革命加以運用。他們善於從現實具體鬥爭出發，提出為廣大群眾易於接受和掌握的革命口號與要求，從而把群眾高漲的革命熱情和行動，引導到符合黨路線的軌道上。他們在革命鬥爭的錘鍊中，正迅速成長為具有很高思想水平和領導藝術的無產階級的青年革命家。」（本書頁 158）一大堆冠冕堂皇的「歌德派」頌詞並不能改變歷史。事實上，這次旅法華人反對列強共管中國鐵路的行動，主要由少年中國學會會友何魯之、李璜、曾琦等人所發起，加上二十二個各式各樣的團體共同奮鬥的結果，而不是單獨一方面所能領導，更不是中共旅歐支部和旅歐共青團領導的功勞。在會議上擔任主席、起草宣言、討論時鏗鏘有力，扮演正面舉足輕重角色的，仍然是何魯之、曾琦等人。中共雖對青年黨領導人有切膚之痛，但也不能一筆抹殺他們應有的功勞。

類似這種誇張式的篡奪改寫之處，書中不勝枚舉。作者或因在周恩來研究室工作的關係，對周恩來似情有獨鍾，也特別誇耀了周回國後參加黃埔工作的兩件大功：其一是民國 13 年 10 月的廣州商團叛亂。作者說，「在這危急關頭，周恩來到廣州第一公園主持召開反對商團叛亂示威大會，他那慷慨激昂的講話傳遍廣州。大會之後，工農、黃埔軍校學生，奮起戰鬥，只用了兩天時間，便平定了商團的叛亂。」周恩來個人固然有其言詞上的魅力，但這種過分簡單化的歸納和幾近神話式的推斷，並不合乎歷史發展的法則！其二是周恩來先後擔任黃埔軍校政治部主任、國民革命軍第一軍政治部主任。作者指稱，「為了進一步建立和鞏固廣州革命根據地，周恩來率領黃埔學生東征，僅一個月就打垮了陳炯明主力。他領導的軍隊紀律嚴明，不擾民間一草一木，老百姓稱讚是民國以來絕無僅有的真正革命軍隊。」把東征的勝利和黃埔學生軍的紀律好，歸功於周恩來個人的統率和領導，也是不合客觀史實的！

除以上的誇張手法，令人感到言過其實外，作者也對不喜歡的人物採「諱而不提」的手法，故意予以封殺。例如談中共後期旅歐組織的發展和聲援五卅運動，任卓宣的地位應不比鄧小平、傅鍾為低，但通書看不到任的名字，在旅歐黨員赴蘇聯學習的幾批名單中，也找不到任的名字。作者何以有此故意的省略，唯一可以解釋的理由是，任後來投向國民黨，成為有名的反共理論家。

此外，本書尚有一些值得商榷之處：

(一) 關於勤工儉學的人數問題，頁 23 提到，「四川全省從 1919 年到 1920 年，赴法勤工儉學生總數達 378 人，是全國赴法人數最多的省份。」這是據舒新城《近代中國留學史》一書引華法教育會民國 10 年所登載名冊的數字，很容易讓人誤以為四川的留法勤工儉學生這時高居全國第一。事實上，作者所述的年代，是湖南省最多（331 人），四川次之（279 人）。到民國 10 年（1921），才是四川最多（378 人），湖南（346 人）次之。[9]

(二) 關於無政府主義者，頁 128 提到，「原在國內的主要無政府主義分子，諸如區聲白、華林、李卓、劉石心、劉抱蜀、劉無為等人，此時也都相繼來到法國，這些人或因追隨吳稚暉而被安排在里昂中法大學讀書（如區聲白、劉無為、劉抱蜀）。」經查里昂中法大學海外部同學錄名單，[10]區

[9] 陳三井，〈河南與留法勤工儉學運動〉，《中國歷史學會史學集刊》，第 16 期（1984.06），頁 302，註 6。

[10] 李塵生，〈1921-1946 年里昂中法大學海外部同學錄〉，《歐華學報》（*Journal*

聲白與劉石心才是里大學生，而無劉無為、劉抱蜀兩人，或資料來源有誤，或後兩人只是旁聽生。

(三) 關於「工餘社」的成立時間，本書提及「1921 年秋天，華林、李卓等人糾合在法國的無政府主義分子十幾人，成立了無政府主義派組織——工餘社」（頁 129）。此與作者另一書《留法勤工儉學運動簡史》之說為 1921 年底成立，[11] 顯然各說各話，不僅前後不一致，且毫無根據。

五、對本書的評價

本書可以說是作者前著《留法勤工儉學運動簡史》的擴大，內容由原來的類似勤工儉學史話，擴大而為中國共產黨旅歐支部史話，篇幅由原先的 156 頁增加為 280 頁；活動舞台由最初的以法國為主，擴大到兼顧了比利時和德國；時間也往後拉長至 1927 年的夏天。所以說，無論視野和深度，都有相當程度的擴大。

但與前者一樣，本書不免有立場偏頗，政治的教條味太多，宣傳色彩過濃的弊病。書中雖有注釋，但點綴性質居多，且未加註的地方似乎還不在少，故不能視為一本客觀而謹嚴的學術性著作。

此外，作者雖然在後記裡表明了請教兩位外籍教授——日本的森時彥和法國的巴斯蒂，但全書未曾參考引用任何外人研究的成果，這是很可惜的一件事。他山之石，可以攻錯，研究水準的提昇，應該從觀念上的突破「閉門造車」開始。

（原載《中國現代史書評選輯》，
第 4 輯，國史館編印，民國 78 年 4 月）

of ACSE），第 1 期（1983.06），頁 127-138。

[11] 張洪祥、王永祥，《留法勤工儉學運動簡史》（黑龍江人民出版社，1982），頁 116。

鮮于浩：《留法勤工儉學運動史稿》

書　　名：留法勤工儉學運動史稿
作　　者：鮮于浩
出 版 者：四川成都巴蜀書社
出版時間：1994 年 10 月
頁　　數：392 頁
附　　錄：留法勤工儉學生分校名單等九個

一、前言

民初旅歐教育運動，可說隨著中華民國的誕生而同時出現，係由具旅歐、留法背景，並富無政府主義色彩的若干同盟會志同道合之士，如李石曾、吳稚暉、蔡元培、汪精衛、張繼等人所倡議，鼓勵學子到法國、比利時等國留學，或以工兼學，旨在扭轉自清華留美以來「美雨壓倒歐風」的留學熱潮，讓歐美學術運河平均輸灌，其終極關懷在溝通東西文明，融合中外學術，另創一種新文明，為人類開一新紀元。

旅歐教育運動的內涵，廣而言之，應溯自「留法儉學會」，歷經「勤工儉學會」，包括華工教育，兼及北京中法大學、巴黎中國學院、里昂中法大學、比利時曉露懷（Charleroi）中比大學的創辦等事業，前後銜接，國內外學術聯成一氣。除上述外，尚可包括用以支援資助此一運動的若干相關企業，如豆腐公司、法國都爾

（Tours）中華印字局、通運公司、開元茶店等；用以輔助推進運動的若干學社，諸如世界社、世界編譯社、上海法文學社、巴黎華僑協社等；用以廣佈宣傳的若干刊物雜誌，如《世界畫報》、《民德雜誌》、《學風雜誌》，乃至後來扮演更重要地位的《旅歐雜誌》、《華工雜誌》《旅歐周刊》等。結合以上這些重要或比較次要的學會、學校、學社和刊物，大體構成一個以北京、上海（以上國內）、巴黎、里昂（以上歐洲）為傳播中心的學術網絡，進行那時挫時興、艱苦備嘗，長達近半世紀之久的旅歐教育運動。

旅歐教育運動與留法勤工儉學運動，表面上看來雖似孿生兄弟般接近，但本質上仍有若干不同。撇開創辦的動機不談外，無論歷史的長短、範圍的寬窄、地區的大小，前者比後者更具完整性、全盤性和一致性。最重要的事，旅歐教育運動是主體，是本源，勤工儉學運動應放在旅歐教育運動的大脈絡中去討論，才不致有所偏頗，也比較能掌握應有的適當定位。無可否認的，勤工儉學是旅歐教育運動中最重要的一環；從某種意義上說，它是其中最光芒耀眼的史篇，最扣人心弦的樂章，它不僅豐富了旅歐教育運動的內容，而且強化了這個運動在近代史上不可撼動的地位。總之，兩者各有不同的本質和內涵，不能混為一談，也不必相互抹殺矮化，但勤工儉學運動畢竟不是旅歐教育運動的全部樂章，不能也不必完全取而代之，這一點史實俱在，應可以肯定。

二、內容簡介

《留法勤工儉學運動史稿》，除四川聯合大學的陳瀛濤序、作者的後記及附錄外，全書共分六章，其章名分別是：

第一章　留法勤工儉學熱潮的興起

第二章　留法初期的工學實踐

第三章　挫折與奮鬥

第四章　留法勤工儉學的繼續進行

第五章　中共旅歐黨團組織

第六章　留法勤工儉學運動的失敗與成功

第一章共分四節，第一節論述早期留法儉學與勤工儉學的實踐，作者開宗明義將五四時期的留法勤工儉學運動，與清末的留日運動相比較，認為它在發起和組織進行方面有四個特點：

(一) 它有比較統一的倡導者、組織者和協調機構；

(二) 運動的倡導者和組織者大多是頗有社會影響的在野人士；

(三) 運動的組織和倡導者賴以提倡和組織青年赴法留學的機構，是不具有官辦性質的民間團體（指留法儉學會、勤工儉學會、華法教育會等）；

(四) 運動的倡導者和組織者有過長達數年，乃至十餘年在法國儉學、勤工儉學的親身經歷，以及組織旅法華工實行勤工儉學的社會實踐（指李石曾、吳稚暉、張靜江、蔡元培、吳玉章等人）。

接下來二、三兩節，討論留法勤工儉學運動的興起，作者指出華法教育會、留法儉學會、留法勤工儉學會等團體，基本上是一套班子，幾個牌子，以華法教育會為首。

華法教育會在國內的社團組織活動，較之民國初年的留法儉學會，聲勢更大，成效更為卓著，其成功的地方，主要有二：

(一) 華法教育會在北京等十個省、市建立分會，使其組織系統趨於完備，形成以北京華法教育會為首的，幾乎遍及半個中國的、比較統一的組織系統。同時，不再集中於北京、成都、上海三地，其社會影響擴及到全國。

(二) 華法教育會在國內開展組織活動的另一項重要內容，便是成立了各種類型的留法預備學校。至 1919 年 3 月，已成立者二十餘校。這些留法預備學校，大致可分為三類：一類是培養留法儉學生，學校開設的課程以法語為主，有的還兼習數學、物理、化學等課程；一類學校旨在培養留法勤工儉學生，學校除開設法文、中文、物理、化學、數學等普通課程外，還有機械學、機械製圖、電工學、測量學、建築學、蒸汽機學、油機學、應用力學等實用工藝課程，有的並附有實習工廠。最後一類學校，如北京高等法文專修館，則雙管齊下，既培養儉學生又培養勤工儉學生。

最後一節所談的是赴法熱潮概觀，介紹學生辦理出國手續、預定船票直至乘船啟程的方式和途徑。

第二章亦分四節，分別討論留法勤工儉學的勤工生涯、學習與生活、團體與刊物、收穫與體會四方面，作者特別引用勤工生形形色色的回憶資料，總結勤工生在初期的工學實踐中的一些收穫和體會。

這些收穫和體會主要是增強了勤工儉學的能力，一方面表現在作工的心理承受能力，當面對嚴酷的社會現實面，能夠較快較好調整自己的心理狀態，敢於正視並盡力解決困難，一方面已有部分勤工儉學生不再依賴華法教育會的安排入廠，而是自行覓工，獨闖天下。最難得的是勤工生多能養成節儉的習慣，如自辦伙食，自覓廉價居所，過儉樸的生活，以便存錢做別的用途。

一般讀者，最想知道的就是，勤工生到法國經過多年的「勤以作工，儉以求學」和陣陣波瀾之後，無論在知識上或技術上，學到了什麼？對法國的社會或近代的影像有些什麼觀感和體會？這些觀感和體會如何影響到青年人以後的改造中國？對這一系列的問題，作者總結一些觀察並嘗試提出一些解答。

未到法國之前，自由、平等、博愛是法國賴以自豪的西方文明制度和傳統，曾是梁啟超、陳獨秀和不少國民黨的領導人物十分羨慕和讚揚的對象，也是不少勤工儉學生存在腦海裡刻板而膚淺的認識。但等到真正接觸，深入全面了解法國社會之後，他們才觀察體會到了法國資本主義制度下，仍然普遍存在著與平等、自由、博愛不盡契合的情況。這些情況包括：

工廠內階級森嚴，常出現以上凌下的現象；

工人怠工的情形相當嚴重；

社會生產力與生產關係的矛盾比較深刻。

基於上述，既然包括法國在內的社會還是不平等的，勤工生幾乎抱持共同一致的看法——工人應當起來同資本家作鬥爭，認為無產者要求社會變革的運動是合理的。至於用何種方式和透過什麼途徑來實現這種社會變革呢？勤工生對此問題的看法頗有分歧。歸結起來，主要有兩種：一是用帶有無政府主義特徵的工讀主義來指導社會變革，避免流血和社會震盪，達於人類平等的境地；二是以馬克思主義為指導，效法蘇俄十月革命，無產階級奪取政權，實行無產階級專政，最終實現世界大同。

第三章仍分四節，其子題分別為「陷入困境的留法勤工儉學運動」、「勤工儉學生的內部論爭與二八運動」、「反對中法實業借款的鬥爭」、「爭取開放里昂中法大學的鬥爭」，連註釋共約六十三頁，構成本書的主要部分。

惟本章的大部分內容，一般研究留法勤工儉學的專書都會論及，而且從二八運動、拒款運動到進駐里大事件，都是大家比較耳熟能詳的課題，作者除了在事件的細節加以深化外，基本上在資料的新發現和論點的發揮上，較不易有所突破。倒是最後一節勤工生爭取開放里大的鬥爭，作者簡單檢討了法國對事件的態度，認為：

> 官方的態度是圓滑的，它一方面聲稱只要中國官方「有根本解決的辦法，以後不致鬧事」，則不將被拘勤工儉學生驅逐

回國；另一方面又稱中國駐法使館秘書也曾挨打，勤工儉學生在里昂等地散發傳單，中國駐法使館根本不能控制。言下之意，除了將先發隊驅逐回國，並無別的解決辦法。法國官方的真實意圖是，將惡名留予中國官方。（原書頁 175）

這一段推論，並沒有法國相關原始檔案支持，引證似嫌不足，令人有憑直覺論斷、語焉不詳的感覺。換言之，有關法國的態度，可以論述發揮的空間尚多。大概有鑑於此，作者於 1995 年 10 月在杭州舉行的「中法關係史國際學術討論會」上，另撰提一篇論文，題為〈法國朝野與留法勤工儉學運動〉，以為補充。作者在文中首先肯定，法國官方和民間人士對中國青年赴法勤工儉學均抱積極支持的態度，惟並不諱言，104 名勤工生因進駐里大而横遭法國政府驅逐出境，法國官方應對此一事件負主要責任。其後，中共旅歐黨團組織活動轉趨積極，當時執行反共政策的法國，其外交部、內務部、警察總局等部門便長期搜集有留法勤工儉學生的黨派活動，特別是中共旅歐黨團組織的活動情況。因此，經常主持華人反帝示威活動的任卓宣、鄧小平、王京岐、傅鍾等人，便成為法國警察局隨時監視，甚至搜查住所的對象。[12]

第四章再論〈留法勤工儉學的進續進行〉，則以三節的篇幅，分別述敘「勤工儉學生的呼籲與多渠道資助」、「留法勤工儉學的繼續進行」、「留法勤工儉學生與旅法華工」三方面課題，比較引人興味的是勤工生與華工之間的互動關係，甚至更明白的說，是知識程度較高的勤工生如何幫助知識程度較低、處境更為不幸的華工，如何爭取本身權益，渡過重重難關的一頁歷史。作者在這方面大致歸納以下幾項：

---

12 鮮于浩，〈法國朝野與留法勤工儉學運動〉，收入《中法關係史論》（樓均信等主編，杭州大學出版，1996）。

(一) 旅法華工會在生死存亡的關頭（如領導人被捕或被逐），得到了勤工生的大力支持。此外，很多留法勤工生通過開辦華工學校，積極進行華工教育的方式，穩定了華工會的基層組織，促使旅法華工走出困境，重新崛起。一些勤工儉學生以學生以「基督教學生青年會」工作人員的雙重身分，在華工中展開工餘教育。

(二) 勤工生在華工中進行了引人注目的宣傳活動，他們進行宣傳活動的主要方式，一方面是通過《華工雜誌》、《旅歐週刊》、《華工旬刊》等刊物，刊載他們所撰寫論文、通訊、評論；一方面是向國內的《晨報》、《時事新報》、《新青年》、《少年中國》等報刊雜誌投稿，比較詳細地披露旅法華工各方面的情況。

(三) 從勤工生在華工中進行宣傳教育的內容來看，可以分作兩類：一是針對華工存在的種種不良習俗與行為，呼籲華工改進；二是勤工生意圖用自己的思想去影響華工，為此也有部分激進華工後來參加了中共旅歐黨團的組織和活動。

第五章以〈中共旅歐黨團組織〉為標題，這是留法勤工儉學運動最突出而扣人心弦的樂章，也是本書不可忽略的重要基礎。整章分為四節，它們是：

(一) 中共旅歐早期組織；

(二) 旅歐中國少年共產黨與中共旅歐支部的建立；

(三) 內部訓練與反對無政府主義與國家主義派的鬥爭；

(四) 建立廣泛的革命統一戰線。

這一章中特別值得討論的是，作者指出，根據許多勤工生的個人回憶資料，一般均認為中國共產黨有一個旅歐總支部，[13]這是與

---

[13] 參閱：陳敬堂，〈中共旅歐支部之成立〉，香港珠海書院碩士論文，1982。

史實不符的。這一點與本人一向的看法相同。[14]作者進一步提出證據以支持他的論點：

(一) 在所有的史料中，從《赤光》到《嚮導》，只有支部而無總支部的記載；

(二) 從中共「二大」到「五大」的章程看，亦沒有設立總支部的規定；

(三) 回憶者有可能把「旅歐中國共產主義青年團」與中共旅歐支部的組織混為一談。

關於國共兩黨在歐洲實現合作，建立廣泛的革命統一戰線後，據作者指出，主要共同進行了以下幾方面的工作：

(一) 雙方（特別是代表共產黨的周恩來與代表國民黨的王京岐）都做了有關國共合作的宣傳解釋工作，以使革命統一戰線能夠深入到廣大旅歐華人心中。

(二) 共同組織了一系列反帝愛國鬥爭，進一步將旅歐華人團結在革命統一戰線之中。

(三) 以中共旅歐黨團組織為主，國民黨駐法總支部也參與了向蘇俄和國內輸送骨幹成員以繼續學習或直接參與國民革命的活動。

中國國民黨人在歐洲的革命活動，雖早在同盟會成立前後，但有正式黨部之設，實自民國 12 年始，名為「旅歐中國國民黨支部」，初設於法國里昂，而從中醞釀、籌備、奔走，促成此一組織之建立者，乃是奉孫中山先生之命而去發展黨務組織的王京岐。王京岐為了實現在歐洲建立一個強而有力的革命組織的理想，而看上「組織頗為完善，而其行動亦與吾黨相差不遠」，有現成八十餘人的「旅

[14] 參閱：拙著，《勤工儉學的發展》（台北：東大公司，1988），頁 110-111 及註 78。

歐中國共產主義青年團」，所以與周恩來等主要領導分子一拍即合，急躁求功地建立起國共合作的統一戰線來。[15]

但無可諱言的，雙方的合作並非是主義與理念相同的真誠結合，而只是「各懷鬼胎」的一時權宜之計，所以作者在書中同時引用了兩封別具意義的信函：

一封是王京岐寫給父親王春林，推崇周恩來的家書：

> 同志恩來兄與兒協同辦黨可說兩年之久了，素來他——專門對外，我一惟理內，本其過去工作判他的智力、魄力——與夫將來之事業不在汪（精衛）胡（漢民）諸老同志之下。……

一封是李富春的〈留別同志書〉，坦誠地指出了國民黨駐法總支部內部存在的四個「重大缺點」：

(一) 總支部執行委員會之渙散和錯誤；
(二) 容留反革命分子潛藏黨內；
(三) 一部分黨員之不肯虛心和想出風頭；
(四) 少數黨員之不瞭解本黨允許共產黨主義者加入之意義和必要。

李富春在信中還指出：

> 國民黨駐法總支部這個組織，在表面上看增多了同志，擴大了黨的組織，宣傳了黨的主張，攻擊了反革命的青年黨，可以說成績很多。但是一談到問題，可以老實不客氣地說，訓練之缺乏，組織之渙散、紀律之紊亂、黨費之難收，無一處不表現內部團結之不緊嚴，這是我們革命黨人應該注意的。

[15] 參閱：拙文〈王京岐在歐洲的組黨革命活動〉，《國父建黨革命一百周年學術討論集》（近代中國出版社，1995），第二冊，頁 308-325。

他還希望尚在法國的同志，「自行批評，從速改良，為革命統一陣線多做貢獻」。（原書頁 303-304）

這兩封信所透露的訊息，不僅為歷史留下了寶貴的證言，更為國共兩黨在歐洲的合作提供了檢討反思的第一手資料。

最後一章，分二節全盤檢討留法勤工儉學運動的失敗與成功之處，無異是代結論。作者藉由豐富的資料汲取和整理，透過自己的深刻觀察和體會，對勤工儉學這一運動做出總結式的論定，認為其失敗之處是明顯的，主要體現在以下兩方面：

(一) 從運動的倡導者、組織者方面而言，其組織管理的方式是失敗的，其原因有二：

1. 將少數早期旅法華工的勤工儉學經驗，推進至眾多知識青年參與的勤工儉學，其間缺乏試驗，也未能考慮到兩者之間的重大差別。
2. 李石曾、吳稚暉等人，在運動中確抱有個人目的（如把遣送學生當成促進法國退還庚子賠款籌碼，或圖個人名利地位，以作為樹碑立傳的捷徑等）。

(二) 留法勤工儉學運動付出了極為深重的代價，百餘中國青年因病或因故早逝異國他鄉，長眠在遠離祖國的法蘭西共和國國土上。

當然，前工儉學運動也有其不可磨滅的貢獻和成功之處：

1. 經過勤工儉學運動的洗禮，大批湧現從事革命的傑出人才，這主要表現在其中有很多後來為中國革命獻身的中共黨員和非中共人士。
2. 很多留法勤工儉學生在法國、比利時、德國等接受了高等教育，培養了不少學有專長的人才。

三、本書的優點

有關討論留法勤工儉學運動的專著和論文，從中文到西文、日文，可謂車載斗量，令人目不暇給。本書的作者雖以「史稿」謙稱，但無疑的這是迄今為止引用資料最豐富，論述最為詳盡深入，涵蓋面最為廣闊的一本成功的中文之作。作者鮮于浩曾師事林增平先生，獲湖南師大歷史系中國近代史碩士，自 1988 年開始從事留法勤工儉學運動史的研究，短短數年間有此卓越成績，除了本身資質不錯外，所下工夫之深，亦頗有可觀。

與大陸一般同類著作相較，本書呈現以下幾項令人欣慰的優點：

(一) 談勤工儉學運動，從留法儉學會談起，兼述了歐戰華工，並不忽略里昂中法大學暨曉露槐中比大學的貢獻，前後銜接，脈絡相貫，不以政治性為主體的勤工儉學運動為限，為旅歐教育運動架構了更為寬廣的視野。

(二) 肯定了李石曾、吳稚暉、蔡元培、張繼等人先後成立留法儉學會、勤工儉學會、華法教育會，倡導華工教育，為國培養青年人才的貢獻。

(三) 敘述勤工儉學運動的波瀾挫折與乎成敗得失，隨時不忘與國內政情的起伏相呼應，顯現了既是中國留學史、中外關係史，又是中國政黨史、思想史的角色。

(四) 勤工儉學雖經李、吳等人倡導，蔚為一項風起雲湧的全國性運動，但各省區的積極而熱烈響應，亦功不可沒。作者曾廣徵博引各地的文史資料，將四川、山西、福建、廣東、河南、安徽、北京等地的活動情形，做了扼要介紹，為本書增添新貌。

(五) 80 年代以前中國大陸史學界的問題，一直籠罩在「政治統帥一切」的氣氛之中，史學工作者失去了理性，史學完全為政治服務或左右，「禁區」很多，觀點結論大同小異，所以八股、教條等充滿意識形態的語言特別多，惟最近已從過去「革命史學」轉變成生機盎然的「近現代史學」。[16] 在此一陣春風微拂之下，除偶而在書中發現「資產階級」、「幫兇」等字眼外，作者在行文中已很少使用一些僵化、偏執而不客觀的情緒性辭彙。

(六) 書後有附錄九種，如「留法勤工儉學生分校名單」、「留法勤工儉學生分廠名單」等，在資料的提供上均極珍貴。

(七) 每章之後，均有相當詳實可以覆按的注釋，此與一般大陸出版品的作法大異其趣，至為難得。特別是書後，尚附有「徵引參考文獻書目」，見賢思齊，足證作者獨到之用心。

四、有待商榷之處

本書多達三十萬字，據作者自稱，全稿六易寒暑，始與讀者見面。但因所論及的歷史至少長達 16 年（1912-1927），所涵蓋的地域包含了國內、法國、比利時、德國、俄國等處，因此要作一個全面而無瑕疵的照顧，頗為不易。茲將個人所見，值得討論或商榷之處，分別縷舉如下：

（一）西方語文相關著作甚少參考

作者雖自述曾於 1989 年訪問過巴黎，在巴斯蒂教授（Prof. Bastid）指導幫助下，參閱過法國外交部檔案館暨現代中國中心大

[16] 羅福惠、田彤，〈引進、借鑑、變化——八十年代以來中國大陸近現代史學鳥瞰〉，《近代中國史研究通訊》，第 20 期（1995.09）。

量的法文、英文和中文資料，但據所附「徵引參考文獻書目」，總體來看，英文、法文的著作參考引用者並不多。例如：

英文方面：

Republican China No. 13（Apr. 1988）為「勤工儉學」專號，有 Nora Wang, Geneviève Barman, Chan King-tong（陳敬堂）, Marilyn Levine 等人相關論文。

Marilyn Levine, *The Found Generation: Chinese Communism in Europe, 1919-1925*, Ph. D dissertation, University of Chicago, 1985.

Marilyn Levine, "The Diligent-Work Frugal-Study Movement and the New Culture Movement," *Republican China* No. 12 (Nov. 1986): 72-74.

Nora Wang, "Deng Xiaoping: The Years in France," *China Quarterly* No. 92 (Dec. 1982): 689-705.

法文方面：

Nora Wang, *Paris-Changhai: Débats d'Idées et pratiques sociales, les Intelletuels Progressites Chinois, 1920-1925*, Thèse pour le Doctorat d'Etat, Université de Paris VIII, 1986.

Nora Wang, «Da Chen Lu! Le Movement du 30 mai 1925 à Paris,» *Approches-Asie* 7 (1983): 1-33.

Geneviève Barman & Nicole Dulioust, *Etudiants-Ouvriers en France: 1920-1940*. Paris: Edition de l'Ecole des Hautes Etudes en Sciences Sociales, 1981.

Geneviève Barman, «Un groupe oublié: les étudiants-ouvriers Chinoises en France,» *Etudes Chinoises*, Vol. 6, No. 2 (1987): 9-46.

Geneviève Barman, «La France au Miroir,» *Les Temps Modernes* 498 (Jan. 1988).

（二）全書缺索引（無論人名、事件或中西文對照），查閱甚感不便。

（三）部分史實之商榷

勤工生發動先遣隊進駐里大，留巴黎五人代表問題，書中僅提到李維漢、向警予、蕭三（植藩）等五人（頁 172）。按留巴五代表為周恩來、王若飛、李維漢、蕭植藩、徐特立，並無向警予。（參閱拙作：〈新民學會之成立及其在法活動〉、〈吳稚暉與里昂中法大學之創設〉兩文）。

（四）名詞引用或翻譯之商榷

寫作太快，或自信較強，有時隨手捻來，便難免不會發生錯誤。茲舉例對照如下：

頁碼	誤	正	引證資料或備註
3、5	豆腐工廠	豆腐公司	《旅歐教育運動》
10	自由會	自由教育會	《旅歐教育運動》
10	法國大學教授歐樂	巴黎大學教授歐樂	《旅歐教育運動》
84	蒙達爾紀公學（Collège de Montargis）	蒙達爾紀私立中學	
84	木蘭中學（Lycée de Moulins）	木蘭公學	按法國學制 Lycée 應為公立中學、師資較優
152	中法留法青年監護委員會	中法監護中國青年委員會	拙著《勤工儉學的發展》
195	中法親善協濟會	巴黎中法友誼會	拙著《勤工儉學的發展》

（五）其他一些小問題

1. 書中對於已故人物如李石曾、吳稚暉、毛澤東、周恩來，或尚在世人士如鄧小平等，均直呼其名，這本來最合乎史學方法慣例，惟獨有兩處敬稱楊昌濟先生（頁 21、22），不知是筆誤，抑或另有考慮。

2. 對法國地名，Montargis，翻譯成「蒙達尼」，是前人不求甚解的結果。筆者翻成「蒙達集」，取其音同與意譯的雙重考慮。本書作者譯成「蒙達爾紀」，因雖近而較無辭藻之美。而且將地名與該地不主張勤工儉學的一派，仍稱「蒙達尼派」（頁 141），雖保留了當時人的說法，但容易被讀者混淆，並不一定能釐清兩者之間音同譯名不同的糾葛。
3. 對大家耳熟能詳的名字，可以其字、號代替姓名，如「李石曾」、「吳稚暉」反而比用本名李煜瀛、吳敬恆通行，應無不可；但對一些名氣不是很響亮的人物，如駐法公使胡惟德（字馨吾），如僅以其字馨吾（頁 7）出之，對行家固無影響，惟於一般讀者可能有張冠李戴或如墜五里霧之感！
4. 值得慶幸的是，本書錯字不多，惟王京歧（頁 285、290、291、292）應為王京岐之誤；紅城（頁 312）應為洪誠之誤。

五、對本書的評價

有關留法勤工儉學的研究，自三十多年前美國學者布蘭德（Conrad Brandt）首開風氣之後，晚近已獲得海內外學者專家更大的注意。近年來，除各項文獻資料的陸續整理出版以外，研究成果的相繼發表也頗有可觀，甚至已成為學院中博、碩士論文寫作的熱門題材。

本書就嚴格的學術標準而言，雖仍有若干不足或值得商榷之處，但瑕不掩瑜，整體而言，不失為中文著作中搜集資料最詳瞻、論述較為客觀的深具功力之作，無論質與量，均已超邁前人。

作者若能在西文（英、法文）資料中再加涉獵，多擷取同行已有的成果，並對法國朝野與勤工儉學的迎拒關係，中共旅歐黨團與法共及越南胡志明，乃至第三國際的錯綜複雜關係，參考法國外交部、殖民部、國家檔案局等機關之檔案，再做完整而深入之探討，相信本書的貢獻會更大，所獲得的評價將更高。這不僅是對作者個人的希望，同樣也是對海內外研究此一課題的中外學者的共同期許。

（原載《中國現代史書評選輯》，
第 17 輯，國史館編印，民國 85 年 12 月）

鄭名楨編著《留法勤工儉學運動》

書　　名：留法勤工儉學運動
作　　者：鄭名楨
出 版 者：山西高校聯合出版社
出版時間：1994 年 1 月
頁　　數：正文 475 頁
附　　錄：各省赴法勤工儉學名人錄

一、前言

有關留法勤工儉學運動的研究和出版，在中國大陸仍然方興未艾，近數年來各地陸續有一些相關的著作和史料出版，茲就所知縷列如下：

(一) 鮮于浩著：《留法勤工儉學運動史稿》（四川：成都巴蜀書社出版，1994 年 10 月，筆者已撰書評）。

(二) 中共四川省委黨史工作委員會主編：《四川留法勤工儉學運動》（四川大學出版，1993 年 3 月）。

(三) 劉恩義著：《周太玄傳》（四川：科學技術出版社，1992 年 6 月）。

(四) 鄭名楨編著：《留法勤工儉學運動》（山西：高校聯合出版社，1994 年 1 月）。

(五) 盛成著：《舊世新書——盛成回憶錄》（北京：語言學院出版社，1993 年 12 月）。此書可視為盛成前著《海外工讀十年紀實》的續篇。

總結上述這些出版資料，有兩點可喜現象值得強調：

(一) 注重地方史料的深度挖掘,特別有關四川一省；

(二) 側重早期留法預備學校歷史的回顧，如鄭名楨之書是也。

地方史料的挖掘，可視為勤工儉學研究由「國際化」走向「本土化」的一項紮根工作。

更難得的是，這些書對早期勤工儉學的倡導人士，如李石曾、蔡元培等人，往往給予較多的肯定，而不像過去一樣，或避而不談，或乾脆一筆予以抹殺。如鄭編在前言中特別指出：

> 在留法勤工儉學運動興起和發展的過程中，河北省尤其是高陽縣，曾起過特殊的作用。……在編者訪問的旅法老人中，絕大多數同志對李石曾在這一運動中的作用都給了充分肯定；歐戰期間巴黎中國豆腐公司高陽籍工人李廣安、張秀波、齊致等人，在工餘求學的基礎上，提出「勤工儉學」的主張，並於 1915 年 6 月發起成立了「勤於工作，儉以求學，以進勞動者之知識」為宗旨的勤工儉學會。[17]

在《周太玄傳》中，作者劉恩義對李石曾亦有如下生動的描述：

> 他（指李石曾）堅定不移地開始了他獨特的、創造性的、不同凡響的事業。他孜孜不倦，百折不回地倡導勤工儉學。在周太玄看來，當時人們都知道運動的倡導者蔡元培、吳稚暉、張靜江、李石曾，但李石曾是個中心人物。在勤工儉學

[17] 鄭名楨編著，《留法勤工儉學運動》（山西：高校聯合出版社出版，1994 年 1 月），前言，頁 2。

的發起和戰後的高潮時期中，都是由他一人獨立支撐著。他勤懇、堅毅，有著不可動搖的信念，全力獻身於所從事的事業。在周太玄的回憶中提到，李石曾常常對他說：「天下事沒有不困難的，也沒有困難的，要看大家的精神如何。能使大多數貧苦青年得到求學的機會，遠比獨善其身的留學生高超得多」。[18]

花這麼多的篇幅來述說李石曾倡導勤工儉學的旨意和所遭遇的種種困難，而不是一味苛責，這種客觀平實、包容尊重、實事求是的作法，是過去同類著作所沒有的。

基於上述，大陸對勤工儉學的研究，已逐漸回歸到比較客觀的史學研究，不再高舉宣示性口號和政治教條，讓學術的回歸學術，這實在是一大可喜現象！

二、內容評介

本書可以說是舉辦「留法勤工儉學運動文物資料展覽」的副產品。在河北省博物館鄭名楨等人的努力搜集、研究、訪談之下，展覽於 1981 年 5 月首在河北省高陽縣舉辦，復於同年 8 月在中國革命博物館公開展出，其後並在留法勤工儉學運動人數較多的河北、廣東、湖南、四川、江蘇、上海等省市巡迴展出。由於這些歷史性照片極為珍貴和材料翔實，既有運動全部過程的概述，又有從不同角度反映勤工儉學生學習、工作和鬥爭，以及旅歐黨團運動活動內容的回憶和調查報告，所以便把它編輯出版，為研究者提供參考。

[18] 劉恩義，《周太玄傳》（四川：科學技術出版社，1992 年 6 月），頁 93。

本書主要分成兩個部分：第一部分為留法勤工運動概述，屬簡史性質，第二部分為歷史的回顧，係調查訪問報告和專為此書撰寫的回憶錄及有關文章。

第一部分共分五章，其標題分別是：

(一) 留法勤工儉學運動的緣起

(二) 留法勤工儉學運動的熱潮

(三) 勤工儉學生在法國的工作、學習和鬥爭

(四) 旅法共產主義組織的建立和發展

(五) 留法勤工儉學運動的歷史功績

第一章共分三節，第一節闡述吳稚暉、李石曾、蔡元培等人早期在歐洲「尚儉樂學」的精神以及民初在北京發起「留法儉學會」的意趣。第二節談豆腐公司的工餘求學與勤工儉學會的成立。第三節論華法教育會與華工教育的關係。內容多取材自《旅歐教育運動》與舒新城的《近代中國留學史》兩書，並無多大新意。

第二章有四節，最有貢獻的是第一節，大體增強充實了留法預備學校的歷史。這裡提到的有布里村留法工藝學校、保定育德中學附設留法高等工藝預備班、北京高等法文專修館、高等法文專修館長辛店分館工業科四校，對它們的設立宗旨、地址、學課內容與後續活動等，有較完整的報導。但留法預備學校共有二十多所，其個別的歷史仍有待各省進一步的挖掘。

第二節綜述全國各地，包括四川、湖南、廣東、福建、陝西、山東、上海等地相繼設立華法教育會分會（總會設於巴黎），響應留法勤工儉學運動的情形。第三節特別介紹湖南、四川青年的留法預備活動，明白指出留法勤工儉學運動在這兩省發展最快、人數也最多的兩個原因：

(一) 是湖南有毛澤東、蔡和森（透過新民學會），四川有吳玉章、朱芾煌、沈與白、黃復生（透過留法勤工儉學會四川

分會）等人的提倡以及楊懷中、熊希齡、楊希仲等人的贊助；

(二) 乃是軍閥混戰，摧殘文化教育事業，逼得學生走投無路的後果。

新民學會的歷史，大家比較耳熟能詳，而四川成都、重慶兩地成立勤工儉學會（或華法教育會）分會，設立留法預備學校的緣起與如何提倡、贊助活動的經過，一般並不甚清楚，編者在這方面做了很好的資料補白工作。

第四節介紹勤工儉學生分批赴法。根據資料，從 1919 年 3 月至 1920 年 12，在華法教育會與留法勤工儉學會的安排下，共遣送二十批勤工儉學生赴法。本節根據華法教育會名冊，利用七個表，分別就「四川省各縣留法人數」、「各省留法勤工儉學生人數」、「留法勤工儉學生國內學業程度」、「留法勤工儉學生國內曾任職務」、「留法勤工儉學生年齡」、「留法勤工儉學女學生名單」、「歷屆勤工儉學生赴法一覽表」等做了統計，不僅保留了展覽會宏觀全局的特色，而且透過這些統計表，令人有一目瞭然的感覺。雖然七個表詳略有別，但能從眾多零碎的資料中沙裡淘金，整理建立起一個相當清晰的輪廓，確屬不易！這種資料搜集整理的苦心，亦是其他書中罕見的特色。

第三章主題為勤工儉學生在法國的工作、學習與鬥爭，共分二節，第一節先談工作和學習。勤工生初抵法國，由於對當地的情況尚不熟悉，法文程度又低，與法人交往在語言方面仍有一定的困難，而且不少人身上還帶有一些預備金，因此，先入校（中等）學習法文的人數居多。據不完全統計，1920 年 8 月以前，勤工儉學生在法國各地就讀的學校不下三十餘所，其中以蒙達尼（Montargis，新譯蒙達集）、楓丹白露（Fontainebleau）和木蘭（Moulins）等校的人數最多；女子勤工生則大部分集中在蒙達尼女校。本節以圖和表的方式，將「留法勤工儉學生所在學校分布」、「留法勤工儉學生所在工廠分布」、「勤工儉學生在法入學程度」、「留法勤工儉學生所在工廠及人數」、「勤工儉學生工資調查」等一一顯示出來，遺憾的是兩幅法國地圖比例過小，文字看不清楚！

第二節專論勤工儉學生在 1921 年的三次重大鬥爭，即二八運動、反對中法秘密借款以及進駐里大事件。這段歷史論者已多，並無新穎之處，故不贅。倒是編者檢討爭回里大事件雖然失敗了，但從歷史意義上，引李維漢的回憶，歸納出三點帶有政治意味和意識形態頗濃的話：

(一) 它結束了似潮流般的勤工儉學運動，所以好心好意提倡這個運動的人，從此知道此路已經不通；

(二) 它使法國資產階級親眼看到，中國青年從五四運動以來迸發出來的一股不怕軍閥統治、不受洋人欺侮、力爭掌握自己命運的氣勢；

(三) 這一次鬥爭出現了勤工儉學界在空前規模上的新的聯合和新的覺醒。許多人拋棄各種各樣不切實際的幻想，接受了馬克思主義，走上了十月革命的道路；更多的人後來積極投入了反帝國主義和反軍閥的鬥爭。

第四章以「旅法共產主義組織的建立和發展」為主題，共分五節，標題分別是（一）學習各國革命經驗，研究馬克思主義；（二）勤工儉學生與華工相結合；（三）旅歐進步社團的聯合；（四）旅歐黨團組織的建立和發展；（五）旅歐黨團的主要活動。在編者的刻意安排下，中國青年黨、中國國民黨和無政府主義在同一時空下的組織和種種活動，變成微不足道的附屬品，這是不應該有的歷史盲點！

此外，編者把勤工儉學生似潮水般蜂湧赴法的目的，大致分為四類，即：

> （一）相當多的一部分人是為個人求學尋找出路；（二）有一部分人則想通過留學，回國後用「科學」、「教育」、「實業」等手段來達到富國強民的目的；（三）還有一部分人為了尋求救國救民之道，但沒有明確的目標；（四）只有少數先進分子，如蔡和森、周恩來、趙世炎等，在一開始就懷著學習馬克思主義，研究十月革命經驗，以改造中國，振興中華的宏願奔赴法國的。

這一段話的前三點，大抵平實，合乎大多數勤工儉學生當年「勤於工作，儉以求學」的想法，但第四點旨在突出蔡和森、周恩來、趙世炎三人的地位。對蔡和森而言，一到法國即不上課，「日惟手字典一冊，報紙兩頁」，「以蠻看報章雜誌為事」，希望一方面把各國社會黨、各國工團以及國際共產黨先弄明白，一方面將社會、工團、無政府、德謨克拉西（民主）四樣東西作一番研究，[19]或許比較接近事實；但對自承「思想本來未大定」，是在抵法一年後始確立了對馬克思主義的堅定信仰的周恩來，恐怕有些言過其實吧！

第五章標題為留法勤工儉學運動的歷史功績。留法勤工儉學運動在歷史上的定位如何？編者在第一部分做出了總結，認為歷時十年之久的留法勤工儉學運動在歷史的長河中雖是短暫的一瞬，但在中國現代史上卻產生了不可估量的影響，特別是對中共革命史留下了不可磨滅的歷史功績，那是：

(一) 尋找革命真理，探求和傳播馬克思主義；
(二) 探討中國共產黨建立的理論和進行了早期實踐活動；
(三) 實踐和推動了知識分子走與工農群眾相結合的道路；
(四) 為中國革命和社會主義建設事業培養造就了一大批傑出人才；

[19] 梁大為等編，《蔡合森文集》（北京：人民出版社，1980年3月），頁24。

(五) 走出了一條勤工儉學的教育之路，至今仍有許多值得學習和借鑑的意義。

針對最後一點，編者特別把歷史與現實結合，並語重心長的說：「直至今日，改革開放以來，大批中國青年學生在海外自費留學的實踐，其緣起也可以上溯到幾十年前的這場留法勤工儉學運動」。重要的是，當年這批青年為新的一代留下了什麼樣寶貴的經驗和啟示呢？編者畫龍點睛的指出，「諸如留學前的思想準備、生活準備，留學過程中的作工與學習的關係處理，留學生相互間的團結，關心、幫助，以及他們對家鄉的眷戀，對祖國的熱愛和學成歸國後為國家做出的貢獻。」

事實上，這種「古為今用」的若干提醒和暗示，為的是引導留學生愛國愛鄉的觀念，從某種角度看，恐怕一方面它與勤工儉學運動的發展是相背離的，一方面似乎也不完全合乎中國當今社會的事實！

本書的第二部分，屬相關人物的回憶和口述訪問，共二十四篇，依其史料價值，大致可分為三類：

(一) 對勤工儉學運動有較細微觀照，在資料上有補白作用者：

1. 李維漢談〈留法勤工儉學運動〉
2. 蕭三（植藩）記〈巴黎戈德弗魯瓦街十七號〉
3. 陳珍如口述，〈回憶巴黎中國豆腐公司、工人夜校和華工學校〉
4. 彭濟群口述，〈回憶留法儉學會、留法勤工儉學會、華法教育會〉
5. 華林口述，〈兩次赴法的片斷回憶〉
6. 齊連登、段子均口述，〈高陽布里村留法工藝學校〉
7. 王國光撰，〈辦留法勤工儉學預備班的回憶錄〉
8. 王蔭圃口述，〈回憶保定育德中學及附設留法預備班〉

9. 陳書樂撰，〈回憶留法勤工儉學〉
10.鄭超麟口述，〈懷旅歐中國少年共產黨〉
11.盛成口述，〈勤工儉學親歷記〉
12.王書堂口述，〈赴法勤工儉學的回憶〉
13.范秉哲口述，〈留法學有所成，矢志報效祖國〉
14.夏述虞口述，〈回憶留法期間的工學互助及其他〉
15.鮑冠儒口述，〈回憶在法國索米爾工藝學校學習生活片斷〉
16.齊笏屏口述，〈在法勞動、學習生活的回憶〉
17.林鐵撰，〈去國雜憶〉

(二) 係訪問已故與勤工儉學有關者之親屬的資料，雖係第一次披露，但史料價值顯然略為遜色，如：

1. 蔡傳（蔡和森子）：〈蔡和森在留法勤工儉學運動中的建黨活動〉；
2. 李莎（李立三太太）：〈留法勤工儉學時期的立三同志〉；
3. 劉昂、李特（葛健豪外孫、蔡和森外甥）：〈難忘的回憶〉；
4. 沈剛（沈仲俊孫）：〈回憶我的外祖父—前上海華法教育會、留法勤工儉學會、法文協會總幹事沈仲俊先生〉。

此外，據董謙的序中透露，他們也與蔡元培的女兒蔡粹盎、李石曾的女兒李亞梅、陳毅的兒子陳昊蘇等取得聯繫，進行了採訪，可惜不知何故，並未收入書中。

(三) 其他書刊已登過的重複史料，大可不必再收入本書，如：

1. 吳琪口述，〈周恩來同志留法勤工儉學期間的革命活動〉，與《天津文史資料選輯》第十五輯所收氏著〈周恩來同志青年時代在法德兩國的革命活動〉一文，內容大同小異。
2. 施益生口述，〈回憶中共旅歐支部活動片斷〉，與《天津文史資料選輯》第十五輯中所收氏著〈回憶中共與旅歐支部的光輝業績〉，內容雷同，只是題目稍加改動而已。

3. 王會田撰，〈李石曾與留法勤工儉學運動〉，係參考《李石曾傳》、《李石曾年譜》、《李石曾先生文集》、《學鈍室回憶錄》等資料而寫成，基本上是一篇研究性報告，與第二部分性質不盡相符，可以不收錄。

三、本書的特色

留法勤工儉學既是一個涵蓋近二十個省份，屬於全國性的運動，因此各省為了突顯自己，無不想在研究或出版史料方面推陳出新，這是可以理解之事。相較於以往的出版成果，本書有以下幾項難能可貴的特色：

(一) 先舉辦相關文物資料的展覽，並以展覽為基礎，再就內容選擇、史實撰述、體例編排等方面，加以整理出書，這種通過關關檢驗的謹慎過程，過去甚為少見！

(二) 所刊出的八十二幅珍貴照片，為整個勤工儉學運動留下更生動詳實的紀錄，堪稱集各書之大成。若能註明照片提供者或來源，則更為完美！

(三) 書中附有圖表，書末附有「各省赴法勤工儉學人名錄」(雖不完整)，都有一定的參考價值，嘉惠於後之研究者甚大！

(四) 第一部分概述之後，附有勤工儉學運動中共產黨員「英名錄」共九十人，對他們的生卒年月、籍貫、參加革命歷程等事蹟，各作一至二百字的簡介，可謂「一網打盡」，比較有名而重要的有蔡和森、趙世炎、周恩來、陳延年、王若飛、李維漢、李立三、李富春、陳毅、何長工、徐特立、蔡暢、向警予、張昆弟、羅學瓚、聶榮臻、林蔚、鄧小平等人。

四、值得商榷之處

本書從 1980 年代因舉辦展覽而開始收集資料，至 1994 年出版，前後歷時十數年，過程不可謂不慎重。但儘管如此，仍有一些基本問題和技術上瑕疵，值得提出來討論：

(一) 不脫紀念史學的窠臼—本書的出版，當然有其正面的意義，它前後獲得很多人的協助和支持，也是一個事實！但找來曾參加過勤工儉學運動而當時仍健在的高幹如聶榮臻、李維漢、何長工、傅鍾、蕭三、李卓然、許德珩等人簽名題字，內容充滿政治性口號，看來不但不能增益本書的分量，反而有如「佛頭著糞」，有損本書的學術價值了！

(二) 與史實有出入之處，相當不少，例如：

1. 民國 10 年 6 月到 8 月，旅法華人的拒款運動，是不論華工或學者學生，不分黨派、共同努力的結果，不單是趙世炎、周恩來等人的功勞（原書頁 66），不應把中國留法學生聯合會、國際和平促進會、亞東問題研究會、巴黎通信社、旅歐週刊社等團體的參與，[20]一筆抹殺。
2. 法國未聞有聖・日爾曼大學（陳毅學習處，頁 65），只有聖・日爾曼大道（Boulevard Saint-Germain）和聖・日爾曼中學。
3. 里昂中法大學 10 月 10 日舉行開學典禮，何來大宴賓客？（頁 71）據第一批學生李亮恭的回憶，「十月初的第一天，吳（稚暉）先生召集大家在禮堂集會，宣布今天就算正式開學了。……開學後不多幾天便是我們到法後的第一

[20] 陳三井，〈周恩來旅歐時期的政治活動〉，參閱拙著《勤工儉學的發展》（台北：東大圖書公司印行，1988 年 4 月），頁 100。

個雙十節。因為初到，大家忙於料理生活方面的事務，接著又忙於上課，未能籌備慶祝。」[21]這應該是比較接近事實的陳述！何況當時的吳稚暉忙著與霸佔里大的勤工生代表談判交涉，那有心情大事慶祝或大宴賓客？

4. 把曾琦、李璜歸類為「醒獅派」，是周恩來、趙世炎口誅筆伐的對象（頁 129），有「時代錯誤」（anachronism）的問題。按 1924 年曾琦與李璜等回國後，於 10 月 10 日在上海創辦《醒獅週報》，[22]而周恩來透過《赤光》與青年黨的《先聲報》之論戰，發生在法國，《醒獅週報》創辦之前。這雖然是回憶人蕭三的錯誤，但仍是本書的瑕疵！

(三) 名詞或錯字的訂正

有些是原作者的錯誤，一併訂正如下：

頁碼	誤	正	引證資料或備註
19	王納	王訥	拙著《勤工儉學的發展》
22	張岱彬（張弧）	張岱杉	拙著《華工與歐戰》
48	Fontainbleau	Fontainebleau	*Petit Larousse*
53	Renanet	Renault	*Petit Larousse*
56	Montaigei	Montargis	*Petit Larousse*
64	Serre	Sèvres	
68	哀里歐	赫里歐	《勤工儉學的發展》
83	天主教儉學會	中國學生公教家庭	《天津文史資料選輯》第 15 輯
153	董事長李石曾	會長蔡元培	《勤工儉學的發展》
208	王京歧	王京岐	《中國現代史辭典》
243	張若銘	張若名	《歐華學報》第 1 期
315	向蔡向盟	向蔡同盟	
470	張星舟（勵生）	張星舟（厲生）	《中國現代史辭典》

[21] 李亮恭，〈稚暉先生與里昂中法學院的誕生〉，收入拙編，《勤工儉學運動》（台北：正中書局出版，1981 年 11 月），頁 413-414。

[22] 陳正茂編著，《曾琦先生年譜》（國史館印行，1996 年 6 月），頁 79。

此外，把後來創立中國青年黨的李璜（幼椿）、張子柱，以及隨梁啟超赴歐考察遊學的張嘉森（君勱）等人，亦列入各省留法勤工儉學人名錄中，稍嫌不夠謹嚴！

五、對本書的評價

寫書難，編書亦不易，要想編一本夠水準的書，更是談何容易！

筆者與鄭名楨先生（左）合影

編者鄭名楨服務於河北省博物館，基於地緣關係，對李石曾等人所倡導發起的留法勤工儉學運動，有一股歷史使命感的驅策力，所以展開文物資料的收集整理工作，並以兩年時間踏遍北京、天津、上海、湖南、遼寧、浙江、福建等省市，走訪了一百餘位老勤工儉學生、老華工和與勤工儉學運動有關的見證人，調查了華法教育會、留法預備學校等十幾處舊址，查閱並收集大量的資料、照片和實物，先舉辦巡迴展覽，再編輯出書，這種鍥而不捨的精神，這種無怨無悔的投入，不但令人欽佩，更象徵中國傳統文士「文以載道」的可貴操守。

本書的性質，並非純粹的史料叢刊，亦有別於一般的研究專著，所以如何把它歸類？如何給它一個客觀而適當的評價？這是筆者撰文的旨意所在！

從編者所花費的時間精力看，就本書所呈現的內容而言，大體可以說，這是一本大方向正確，經過精心爬梳整理，內容多采多姿，不可多得的勤工儉學入門書和導覽圖，具有一定的參考價值。

所憾的是，編者對勤工儉學相關團體的組織和人物，對法國事物、地名等較不熟悉，所以出現一些應該改正而沒能改正的錯誤，這是美中不足之處！

（原載《中國現代史書評選輯》，
第 19 輯，國史館編印，民國 86 年 12 月）

黃嫣梨：《張若名研究及資料輯集》

書　　名：張若名研究及資料輯集
編 著 者：黃嫣梨
出 版 者：香港大學亞洲研究中心
出版時間：1997 年 5 月
頁　　數：440 頁

史料的挖掘、整理與出版，與史學的研究同等重要，猶如一車之兩輪，相輔相成，實不可偏廢。

香港浸會大學黃嫣梨教授編輯出版的《張若名研究及資料輯集》，無論就近代留學教育、勤工儉學運動、婦女史或中國政黨史的研究而言，在材料上和視野開拓方面都有重大的突破和貢獻，值得對以上課題有興趣的研究工作者關注。

書中主人翁張若名（1902-1958）在天津就讀直隸北洋第一女子師範學校時，便是五四型的女界「急先鋒」，先後參加過「女界愛國同志會」與「覺悟社」，並因一再領導反日請願運動，而與周恩來、郭隆真等同時被捕入獄。出獄後一齊赴法勤工儉學，張若名一度加入「旅歐中國少年共產黨」（即共青團），旋又退出，嗣獲准進入里昂中法大學（Institut Franco-Chinois de Lyon）註冊（1927），而於 1930 年 12 月以《紀德的態度》一文通過為國立里昂大學（Université de Lyon）文科博士，是為留法第一位女博士。其先生楊堃則是李石曾、吳稚暉倡導旅歐教育運動，從國內招考的第一批里昂中法大學學生，是此一運動從「量變到質變」的希望所寄，後來果然獲得里昂大學博士，成為國際聞名的社會學和民族學家，完全符合李、吳所要培養的從事「真研究」、「拿學問消遣終身的學者」。書中涉及的另一位重要人物，便是大家耳熟能詳，在法國學書不成而組黨從事政治活動的周恩來。張若名與周之間，尚有一段「似有若無」，曖昧不明，後來因故分手的「革命感情」。單看這些曲折情節，便已構成本書的豐富內容，在在值得讀者細細品味。

筆者與黃嫣梨教授合影

本書內容主要分成兩部分，第一部分包括研究張若名的論文和憶述，收有黃嫣梨、林如蓮（Marilyn Levine）、陳敬堂、姜錫先、徐泓等人的論文以及楊在道所撰的六篇有關張若名的傳記性材料，相信透過這些論述，對張若名短短五十六年的學思歷程，會有清楚的認識。身為編者，為增進讀者對張若名及其另一半的了解，嫣梨女史還製作了〈張若名年譜〉、〈張若名著作年表〉、〈張若名主要著作簡介〉以及〈楊堃傳略〉，頗有畫龍點睛之妙。1958 年在「反右」運動中，張若名因不堪壓迫而投河自盡。事後，中國民主同盟亦隨之將其開除盟籍。是以在年譜中尚附錄〈中共雲南大學委員會關於張若名同志的政治歷史結論〉，可以從不同角度認識張若名。第二部分則收錄張若名已發表的廿一篇主要中文作品，按寫作年代，大致可分為天津、法國及回國後三個時期，對研究張若名的政治和學術思想提供了一定的參考價值。

史學研究水準的提升，有賴於新材料的不斷挖掘，從資料中去尋找新的解釋，增加歷史的深度。本書在資料的搜集方面，稱得上「貴人相助」，故有若干突破性的貢獻，值得一提的有兩方面：

(一) 透過林如蓮教授的協助，刊出里昂中法大學學生檔案中張若名入學報到時所填的身家資料（Bulletin d'Identité）、與教授的來往書信以及楊堃寫給校長何尚平（伊榘）的信。里昂中法大學的全部檔案現庋藏於里昂市立圖書館，是一個尚待挖掘的金礦。

(二) 透過楊在道先生在報刊為母親「尋遺著」的廣告，找到了張若名化名「一峰」所發表的〈剩餘價值〉與〈階級鬥爭〉兩文，充分發揮了「上窮碧落下黃泉，動手動腳找材料」的工夫。

本書取材自楊在道的六篇傳記性論述，同時披露了不少鮮為人知，並值得討論的史實。例如：

(一) 根據盛成的最近說法，認為張若名、周恩來與郭隆真等人於 1920 年 11 月 7 日同乘「波爾多斯」（Porthos）郵輪赴法，而周卻獨自一人於新加坡下船，改搭下一班船「高爾地埃」（Cordillère）赴法，為的是要與蔡元培（尚有張申府、劉清揚）同船赴法。這無疑是一種「顛覆」歷史的說法，如此說屬實，中共中央文獻研究室所編的《周恩來年譜》、《周恩來傳》等，勢非改寫不可。惟目前僅能視為孤證，除了感覺違反常理外，最好複查蔡元培、周恩來或張申府等當事人的相關回憶，以求得進一步證實。而最關鍵的辦法則是一查新加坡與馬賽海關相關的入境紀錄，究竟周恩來有無中途下船改搭，答案便可水落石出。

(二) 張若名為何退出共青團，而與親密的戰友——周恩來分道揚鑣？過去因資料不足而語焉不詳，始終成謎。根據楊在道的說法，張若名之所以退黨，有兩個主要原因：（1）不滿書記任卓宣作風專橫粗暴，動輒罵人；（2）1924 年列寧逝世，張若名代表中共組織參加法共里昂支部召開的追悼會，並在會上發言，因為身分暴露，受到法國秘密警察跟蹤盤查，險被驅逐出境。經過痛苦掙扎，張若名最後決定，退出組織，脫離政治活動，留在法國專心讀書。「革命誠可貴，愛情價更高；若為學問故，兩者皆可拋」，這應該是張若名不得不與同志分手，形成坎坷人生中最大的一次轉折。

在欣賞編者呈現給讀者的豐富內容之餘，仍覺得有義務指出一些技術上的問題。可能由於編輯的時間稍嫌匆促，本書出現了若干瑕疵和小錯誤，可歸納如下：

（1）若非原件翻拍的照片不夠清晰，頁 70、82、93 的刊頭有重新打字貼上，與內文不協調的痕跡，並影響全書的美觀；圖片 15 係里昂中法大學舊址，而非里昂大學。

（2）法國詩人 Paul Valery（1871-1945），書中多處，如頁 207、234、237 均印成 Paul Volery；頁 206、232、237 的 Pa Trice 應合併一字為 patrice。其他法文排印仍有若干錯誤，不一一指出。

（3）台灣光復（在台北市中山堂舉行受降典禮暨慶祝大會）應為 10 月，而非 11 月（頁 209）。

希望再版時訂正，使本書更為盡善盡美。

（原載南洋理工大學《南大語言文化學報》，
第 3 卷第 1 期，1998 年）

輯三

華僑華人篇

李安山：《非洲華僑華人史》

書　　名：非洲華僑華人史
編　　者：李安山
出 版 者：中國華僑出版社
出版時間：2000 年 1 月
頁　　數：正文 514 頁
　　　　　附錄一至七暨大事年表 148 頁
　　　　　插圖目錄 4 頁
　　　　　插圖 33 幅

一、前言

華僑華人史的研究，是海峽兩岸學者長期以來共同關注的重要課題。但誠如北京大學亞非研究所教授周南京所指出，「不論是海內，還是海外，對華僑華人歷史的研究是極不平衡的。由於華僑華人人口主要集中在東南亞地區，而且他們移居的歷史比較悠久，因此對他們的歷史和現狀研究得比較多，也比較深入，這方面的著作和論文頗為可觀。但對其他地區華僑華人的歷史和現狀的研究則相對比較薄弱，對非洲華僑華人的研究尤其少得可憐。」[1]

[1] 〈周南京序〉，《非洲華僑華人史》，頁 1。

學術研究雖然不一定要趕時髦跟著功利主義起舞，有時不妨鑽冷門走偏鋒，但主要還得看主客觀的條件以及資料取得的難易而定。提起中國學者以中文撰寫的非洲華僑華人研究的成果，確實少得可憐，無法與其他地區相提並論。在早期，我們似乎只看到李長傅的《中國殖民史》（商務印書館，1936）、何漢文的《華僑概況》（神州國光社，1931）以及丘漢平的《華僑問題》（商務印書館，1936），但有關非洲的篇幅簡略，遠遠不能滿足大家的要求。遷台以後，台灣官學兩界合作，先是修纂各地華僑志，繼之以編寫各國華僑概況，先後出版有《留尼旺島華僑志》（何靜之）、《南非共和國華僑概況》（歐鐵）、《馬拉加西華僑概況》（陳鐵魂）、《模里西斯華僑概況》（陳英東）等小冊子，但無論從學術角度或資料觀點，都明顯不足，有待重寫。

紮實的研究，必須日積月累，而且以史料為基礎。相對的，中國大陸有陳翰笙主編的《華工出國史料匯編》（中華書局出版，第9輯有關非洲華工）、方基根編的《非洲華僑史資料選輯》（北京：新華出版社，1986），先從史料的整理、編輯和出版入手，這是正確而有遠見的作法。

經過多年的努力和廣泛搜集資料，而且邊摸索邊研究，北京大學國際關係學院副教授李安山所著《非洲華僑華人史》一書，終於使長期乏人耕耘的非洲園地開花結果。首先，它填補了非洲華僑華人研究的空白，同時也是中國和世界的第一部論述全非洲華僑華人歷史發展的著作。[2]這種破天荒具有開創性的研究成果，不僅價值非凡，難度也極高，值得向海內外華人鄭重推薦。筆者雖屬門外漢，但亦甘冒「撈過界」之譏，對這本「鑿空」之作，做一點介紹，以饗讀者。

[2] 同前註，頁2。

二、精采內容介紹

本書除導論和結論之外，共分三編，第一編的標題是「認識、接觸、交往」，下分四章，第一章回顧〈早期中非關係的發展〉，從唐朝以前中國對非洲的間接認識開始，對唐、宋、元、明、清歷代中國與非洲的交往有簡明扼要的敘述。作者在文中特別肯定明初鄭和下西洋的幾點貢獻：（1）鄭和遠航船隊下西洋確實具有世界性意義。他不僅反映了當時中國的國力和航海水平，並且還使帶偶然性的中非民間商業往來上升為定期的官方關係；（2）鄭和下西洋使中國對非洲的認識有了一個質的飛躍；（3）在鄭和遠航的推動下，中國與非洲的商貿關係進一步加強。

第二章敘述〈非洲華僑的起源〉，根據作者的研究，早期非洲華僑包括自由移民和契約勞工兩種。最早輸入契約華工的首推法屬殖民地模里西斯（Maurice 或 Mauritius，大陸譯作毛里求斯），時間約在公元 1760 年。剛果自由國引進的華工命運最為悲慘；西、葡輸入華工的形式比較隱蔽；德屬東非的華工主要用於鐵路建設；英屬南非輸入華工的數量最多。契約勞工在數量上構成了早期華僑的主要部分，他們的到來為所在地區的經濟發展帶來了不可磨滅的貢獻，也使當地的居民對中國有了初步的了解，當然或多或少也激化了某些地區（如南非）已經產生的排華傾向，因而加強了對當地華人的控制。

第三章討論〈非洲華僑社區的建立〉，主要介紹模里西斯、留尼旺、南非等地華人的社區活動。華人身處異國他鄉，遭受種種歧視和不平等待遇，只有團結一致，才能克服困難，求得生存和發展的權利，這是同鄉社團創立的原因。其次，華人對祖國文化傳統有著深厚的認同感，同時又希望天神的護佑，這就產生了宗教社團的活動，最突出的是以關帝廟為中心的活動。為了保護華人的經濟利益並互助協調，又以地區為基礎成立了各種商會。最後，隨著移民的增加，各種宗親社團也開始從同鄉社團中分離出來。

第四章題為〈壓迫、歧視與抗爭〉，主要分成四個部分：第一部分概述契約華工在非洲所遭受的非人道待遇，包括工資比土著工人為低，伙食不佳，特別是礦主對華工進行控制性的懲罰，甚至動用私刑，其項目包括鞭刑、銬手、吊腕、吊辮、乏食或關黑房等，極為殘酷。第二部分為華工面對惡劣生存環境以及礦主的種種虐待所採取的反抗形式，其中分為消極反抗與積極反抗二種。消極反抗包括怠工、裝聾作啞、裝病、散佈流言、逃出金礦或自殺等形式。積極反抗又可分為非暴力與暴力兩種。非暴力反抗的形式包括罷工、拒絕交納罰金、建立自己的組織、破壞活動等形式。暴力反抗則有暴動、對工頭進行報復、對白人進行騷擾等三種形式。可憐華工，海角天涯，身處絕域，忍辱偷生，是何等的悽慘！第三部分談華僑的處境與對策。幾乎每個殖民地政府對華人都有歧視性政策，面對這些歧視政策，華僑的對應是自我組織、自我約束和自我監督。必要時遞交請願書以爭取合法的權益，並透過當地報刊發抒自己的心聲。在迫不得已的情況下，則採取最後的手段，向外地遷移，第四部分揭露國勢日蹙的清朝政府，腐敗無能，雖有護僑之心，卻無保僑之力的困境。

第二編以「創業－生存－適應」為標題，涵蓋六章，可以說是本書的主軸，所佔篇幅也最多。第五章論〈非洲華僑與辛亥革命〉。眾所週知，由於非洲距離中國本土甚遠，非洲華僑積極投身辛亥革命的畢竟是少數，但作者從有限的史料中爬梳，以微觀細膩的方式建構出非洲華僑與辛亥革命的幾點關係：(1) 非洲華僑青年回國參加黃花崗起義的有霍秀石、霍喜、黎某（外號「革命權」）、陸子明、鄭張維、霍順階等人；(2) 非洲華僑不分富貴貧賤，持續進行了多年的募捐活動，更有毀家救國的，如謝子修、黎文占是典型的例子；（3）中國國民黨在非洲的各個黨部，主要是在辛亥革命的基礎上建立和發展起來的。

第六章續談〈非洲華僑的社會與經濟發展（1911-1949）〉。華人向外移民的動機，不外「推力」（pushing force）和「拉力」（pulling force）兩種作用相激相盪的結果。「推力」來自於中國，包括發生於十九世紀中葉以來的天災人禍與社會動亂。而「拉力」則指擺脫貧困的理想和實現個人抱負的決心。天災人禍加上社會動亂，毀滅了人群基本的生存條件，迫使華人鋌而走險；而對美好生活的憧憬，又給人們以動力，吸引人們闖入未知的世界。[3]可惜的是，作者對這方面的論述著墨不多，未能把幾次的移民潮與國內政治社會背景扣緊在一起。

本章主要敘述民國初年到二次大戰結束，非洲華僑社區的人口、社團及社會經濟生活經歷了很大的變化。這一時期，非洲華人經濟生活經歷了兩個不同的階段，從1911年到1929年，這是他們的「蜜月」時期，一部分華人利用了第一次世界大戰時期各種貨物匱乏的機會，逐漸發展了自己的商業，並在戰後搶佔了各地小商業的地盤。然而從1929年到1945年，他們遭逢了全世界經濟危機的打擊，必須同時面對三重困難：蕭條時期的低購買力、居留國政府的歧視政策以及歐洲人、印度人和當地黑人的商業競爭。

第七章觸及〈抗日戰爭前後的非洲華僑（1929-1947）〉。本章的主要內容，作者曾以〈試論抗日戰爭中非洲華僑的貢獻〉為題，在1998年8月於廣州舉行的「海峽兩岸華僑與抗日戰爭學術研討會」上發表，並收入黃小堅主編的《海峽兩岸「華僑與抗日戰爭學術研討會文集」》（北京：中國檔案出版社，2000）中。

---

3 令狐萍，〈十九世紀中國婦女移民美國的動機初探〉，《美國研究》，1999年1期，頁100。

根據作者的研究，抗戰爆發後，非洲華僑表現了極大的愛國熱情，其貢獻主要有以下幾方面：

(一) 親自回國參加抗戰——在頭半年內，參加回國服務的非洲華僑即有 54 人，其中女僑胞 13 人。有的還自籌資金帶器械組成了汽車工友服務隊回國服務。

(二) 在國外從事抗德戰爭——有的華僑或具雙重國籍的華僑子弟，參加了英國皇家陸軍招募的工兵部隊，在北非參加了戰鬥。

(三) 積極參與了保衛僑居地的軍事活動——英國政府曾在模里西斯組織了一支守衛本土的部隊（Territorial Force），其中有一個連全部是由華僑子弟組成的。

然而，遠離祖國的非洲華僑一如大多數其他各地的華僑一樣，他們支持抗戰的主要形式是捐款。從捐款的用途上看，又可分為救國公債捐、賑濟捐、購機捐、寒衣捐、傷兵之友捐等等。至於非洲華僑在抗戰期間究竟捐款總數多少？很難有確切的統計。不過，不管捐款多少，有一點是可以肯定的，就是他們視抗戰後援為己任，以各種方式踴躍捐輸，表現出極大的愛國熱情。

第八章討論〈華文學校的興起與社區文化生活（1911-1949）〉，分別介紹模里西斯、南非、馬達加斯加、留尼旺等地華文學校的成立和運作情形，並檢討其教學體制的優劣。同時分析《僑聲報》（南非）、《華僑商報》、《華民時報》（模里西斯）、《天聲三日刊》（留尼旺）、《僑民新報》（馬達加斯加）等報刊，對當地社區文化生活所發生的影響。

第九章再論〈非洲華僑社團的發展（1911-1949）〉。主要分成三個時期說明：其一是 1911 年到 1936 年，非洲各地湧現的華僑社團，總數多達 123 個，它們有的是宗親性或地域性組織，有的是文化教育組織，有的是體育娛樂組織；其二是 1937 年到 1945 年，主要與抗日救亡團體有關；其三是 1946 年到 1949 年，主要是一些抗苛抗稅組織，旨在維護他們切身的利益。

第十章總結〈非洲華僑的困境〉。華僑在非洲的創業道路充滿荊棘，他們的發展更受到居留國各種移民政策的限制。這些政策都帶有明顯的歧視性，有的還是專門針對華人的。這些歧視性政策雖曾在二戰期間因中國抗戰成為同盟國成員而稍有改善。然而，八年抗戰繼之以剿匪戡亂，國力日衰，民不聊生的中國，是無力對海外僑胞提供任何實質保護的。「故國迢迢，國家一直在內憂外患裡打滾」，真的是「無暇顧及海外的孩子」。在此情況下，華僑只得自求多福，這不僅是非洲華僑的困境，何嘗不也是長期以來各地華僑的處境。

第三編標題是「適應－變化－一體化」，共分二章。第十一章名為〈適應、傳承與融合〉，據作者指出，在 1949-1999 年間，非洲華僑華人的社會經濟生活經歷了巨大的變化，而這些變化，主要圍繞著適應、傳承與融合三個方面。首先，根源於觀念上的變化：大部分華人逐漸完成了從「落葉歸根」到「落地生根」的轉變，決定在非洲紮根。這是各方面條件（主要是中國政局和定居國移民政策的改變）的變化使然，也正是海外華人適應性的一種表現。隨著心態上「落地生根」的調適，於是引發華人一連串的相對反應，其一是紛紛供奉子女上大學，或是高中畢業後將其送到歐美念大學，學成後也鼓勵他們留在國外做事；其二是不再對當地政治保持冷漠態度，相反的主動投身政治，熱烈參與各式各樣的選舉，積極為華人爭取各項權益。

第十二章最後討論〈華人經濟的持續生命力〉，從 80 年代後期起，除大陸外，從台灣、香港、東南亞到非洲的華商，這批新移民資本大、投資多、收效快，他們引進新的技術、新的產品、新的管理方法，並與當地華人相結合，不但為本國賺取了大筆的外匯，對促進當地的經濟發展也做出了貢獻。

三、本書的優點

扼要介紹精采內容之後，本書還有許多優點，值得推許，茲一一說明如下：

（一）導論與結論畫龍點睛

在內容方面，除前述的三編十二章的精華之外，最值得一提的是導論。導論除作者闡述研究方法是基本框架外，最有貢獻的是作者把「非洲華僑華人史的史料分析」與「目前國內外的研究狀況」兩項研究情報心得，無私的奉獻給讀者，這種「獨門祕笈」不僅是初學者的 ABC，更是入門者寶貴的「敲門磚」。對作者將「學術當天下公器」的這種恢弘胸襟，表示敬意。此外，作者在導論中不忘指出，非洲華僑華人史的研究雖已經起步，但明顯存在著一些缺陷：（1）重華工而輕華僑；（2）重南非華工的招募而輕南非華工的歷史；（3）重現狀介紹而輕歷史研究；（4）史料發掘工作做得不夠。真是過來人的一針見血之論。

在結論中，作者也很負責任的提出關於華僑華人的幾個歷史問題，其中包括非洲華人的祖先、清朝政府在南非的華僑政策、契約華工的人數、非洲華僑對抗日戰爭的貢獻、華僑前往非洲的路線等五個問題，有的已有初步結論，有的由於資料不足，尚待進一步研究。此外，作者也不避諱的指出，關於華僑華人研究的幾個理論問題，包括中華文化在華人中的生命力、華人的適應性、華人的家族主義、華人的雙重認同、華僑的消亡等五個問題，針對這些重大而略帶敏感的問題，作者都有所詮釋，並適度表達了自己的看法。

（二）附錄是不可多得的資產

本書有七個附錄，加上「非洲華僑華人大事年表」，都很珍貴。七個附錄，分別是：

附錄一：非洲華文學校一覽表

附錄二：非洲華僑華人報刊統計

附錄三：非洲華僑華人企業家一覽表

附錄四：非洲華僑華人常用地名英漢譯名對照表

附錄五：非洲華僑華人人名英譯對照表

附錄六：非洲國家（地區）華僑華人人數統計表

附錄七：非洲華僑華人研究參考文獻

作統計表不容易，凡過來人都知道其中甘苦。在有限的資料中，作者一口氣推出了七個附錄，可見其治學之認真與專精。最難得的是附錄七的研究參考文獻，作者除總類外，並按地區劃分，洋洋灑灑列出了研究非洲華僑華人的中外文文獻達數百種之多，巨細靡遺，連台灣的相關出版品幾乎一網打盡，而且資料翔實，不得不令人欽佩。這一點與一般大陸學者對台灣著作的「輕描淡寫」，不可同日而語！

（三）寫作嚴謹，符合學院派作風

從導論一開始，便先分析「非洲華僑華人史的史料」，並檢討「目前國內外研究狀況」，書後又附有「研究參考文獻」，這都是極負責任、寫作嚴謹的學院派作法。作者李安山，原畢業湖南師範學院外語系，學習英國語言文學，隨後考入中國社會科學院研究生院歷史系世界史專業，主攻非洲史，再留學加拿大多倫多大學（University of Toronto），獲博士學位，可以說是科班出身的專業歷史學家。留學期間，曾赴美、英和迦納（Ghana）等地搜集資料和實地考察，所以在本書中展現了搜集資料的專長，並且恪遵「一分證據說一分話」的信條，言必有據。特別是，他處理註腳的忠實態度，也是較為少見的，同樣令人激賞！

（四）客觀超然，看不到意識形態的影子

本書上下縱橫數百年，大體以非洲華僑華人在當地的適應、發展和融合的史實為主軸，不像一般同類書的寫法，喜歡把焦點集中在清末革命與保皇的論爭、民國時期國共在海外的統戰、戰後大陸與台灣僑務政策的對立上，因此沒有教條，去掉框框，不講冠冕堂皇的政治口號，並且使用「民國」與「國民政府」的稱謂，復大量參考台灣的出版文獻，顯示作者處處以學術為重的客觀超然態度，值得稱道。

四、對本書的評價

《非洲華僑華人史》一書，約 56 萬字，列入北京大學華僑華人研究中心叢書之一。本書除上述的種種優點之外，並穿插有珍貴圖片和有趣漫畫，增加版面和內容的生動，附此一提。

惟美中仍有不足，百密中仍有一疏。不管區域研究也好，華僑華人史研究也罷，非洲一地，從離島到本土，從南非到西非，地區這麼遼闊，論政治又分英、法、德等屬，何其複雜，因此似乎可闢一專節，略為介紹非洲國家歷史的演變（這本是作者的專長，反倒忽略），並附上一張非洲政治地圖，如此史地並重，或更能增加讀者的空間感與時代感！

另外，還有一點要求，但對作者而言，可能是一種苛求。作為一本學術性的嚴謹之作，書後的索引（Index）仍是必要而不可少的，主要是提供讀者檢索之便。習見大陸書刊，或出於出版社限制

篇幅的要求，一般並不鼓勵製作索引，因為既多佔篇幅又浪費紙張。但為向學術先進國家看齊，實有必要把索引列為一本書的基本條件（像章節目錄一樣）之一，這是大家可以努力的目標。

總之，作者以研究非洲史起家，對非洲華僑華人的研究雖然起步較晚，但憑藉其良好的學術訓練，「上窮碧落下黃泉」搜集資料的工夫，以及鍥而不捨探討問題的幹勁，終於在短短數年之間，完成這一部具有開創性，短期間內難有人能超越的學院派經典之作。作者奮勉治學的精神，足資兩岸青年學人的楷模。在祝賀之餘，盼望華僑華人的研究蒸蒸日上，百尺竿頭更進一步。更期待北大華僑華人研究中心繼本書之後，陸續推出《歐洲華僑華人史》、《北美洲華僑華人史》、《拉丁美洲華僑華人史》、《大洋洲華僑華人史》等一系列專著大作，為各地區的華僑華人史研究劃下一個完美的時代總結。

（原載《中國現代史書評選輯》，
第26輯，國史館編印，民國90年12月）

李明歡：《歐洲華僑華人史》

作　　者：李明歡
出 版 者：中國華僑出版社
出版時間：2002 年 7 月
頁　　數：860 頁
定　　價：人民幣 54.80 元
　　　　　美金 26 元

一、歐洲華僑華人研究奇葩

由北大周南京教授主編的華僑華人研究中心叢書，先後出版了兩種甚受海內外研究華僑華人學界矚目的好書，一是北大李安山教授所著的《非洲華僑華人史》（中國華僑出版社，2000 年 1 月），另一是廈門大學人類學研究所研究員李明歡博士的《歐洲華僑華人史》（中國華僑出版社，2002 年 7 月）。這與上期本欄所介紹的李恩涵教授所著的《東南亞華人史》，可並列為廿一世紀華文世界，有關海外華人研究最令人刮目相看的三種重要著作，值得細細品讀。海峽兩岸的三李先後爭輝，倒是一樁佳話！

誠如周南京教授在序中所指出，關於歐洲華僑華人歷史與現狀的研究，與非洲華僑華人歷史與現狀的研究相比較，由於客觀條件不同，研究者及其成果較多，但比起東南亞華僑華人歷史與現狀的研究，則依然不難看出其差距和落後。

作者認為，歐洲華僑華人研究，曾長期乏人問津，過去是一門冷寂的學科，晚近則是迅速壯大，異軍突起，而成為一個引人注目的專學。儘管作者綜述了從歐洲到兩岸學者的研究成果，也介紹了前輩學者不少相關的先驅性作品，但都不是綜合性，以歐洲為整體論述的學術專著。我們敢說，李明歡博士的這本書，是戰後第一部較全面地論述全歐洲華僑華人歷史與現狀的綜合性著作，譽之為「歐洲華僑華人研究的奇葩」，一點也不為過。

李明歡博士這本超越前人的書，誠如周南京教授所言，它具備了以下幾個特點：

第一、她充分認識到理論在學術研究中的地位和作用，並在研究各學派理論的基礎上，力圖建立自己的理論架構，以及將自己認為正確的理論貫穿於全書的始末。本書一開始，便介紹國際移民學界正在建構與發展中的四種國際移民理論──「新古典主義經濟理論」（Neo-classical economics）、「新經濟移民理論」（The new economics of migration）、「勞動力市場分割理論」（Segmented labor market theory）、「歷史結構與世界體系理論」（Historical-structural theory and world systems）。

第二、她力圖以歷史學和社會學相結合，做為自己的主要研究方法。她一方面廣泛地參閱了中外歷史著作、檔案資料、報刊、雜誌、私人回憶錄、日記、遊記、筆記等等，一方面利用在荷蘭留學和從事研究工作的機會，周遊歐洲各國，廣泛地進行田野考察，深入華僑華人社會，透過社會調查、採訪、交朋友、發放問卷等方法，不斷蒐集和研究有關華僑華人方面的資料。

第三、作者沒有把歐洲華僑華人史寫成國別華僑華人史匯編，也沒有把它寫成專題匯編，而是抓住歐洲華僑華人歷史發展的大段落、基本線索和脈絡，採用提綱挈領和綱舉目張的綜合論述方法，在不同的歷史背景下，有目的、有重點、層次分明地綜合論述歐洲華僑華人的歷史演變、社會現狀和它所面臨的問題。

第四、作者並不是簡單地或盲目地引用前人的研究成果或觀點，而是注意研究核實和鑑別別人的結論或看法，由表及裡，去偽存真，並時而發表自己獨到的見解。

法國華工墓園

二、走向歐洲創業歐洲

作者說得好，一部歐洲華僑華人史，實際上就是一部中國人萬里西行，走入歐洲的歷史；是一批批普普通通的中國百姓，走出鄉村，走出傳統，背負著祖輩親人的囑託，在發達資本主義國家的大本營內，尋求生存機遇，奮鬥立足創業的歷史。他們是直接置身於中西文化兩極碰撞中的一群人，他們是承繼著古老中華的傳統烙印，卻又行進在現在資本主義軌道上的一群人。峰迴路轉，他們的人生理想因遷移漂泊的衝擊而不斷地重塑，他們的生存模式因制度體系的巨變而重新構建。在歐洲那個遙遠陌生卻又充滿誘惑的西方世界裡，他們嘗試著新的追求，演繹著新的人生，描繪著新的藍圖。

本書除導論、結語外，依時期的發展分為三編，即開端篇、立足篇與發展篇。第一編開端篇，這是中國人試探著走入歐洲，並以異族小群體的形象始現於歐洲的開端時期。分為兩章，第一章追溯中國人遠赴歐洲之源起，從點評零零星星由西歐傳教士帶入歐洲的中國青年說起，繼而介紹十九世紀末，清朝官員在歐洲土地上接觸到的為數寥寥的旅歐中國僑民，重點則在剖析廿世紀初葉移民歐洲的三個中國人群體：一是從「跳船」留居歐洲的中國海員；二是謀生於歐洲的小商販；三是第一次世界大戰後留居當地的歐戰華工。第二章主要剖析廿世紀初年，剛剛走出封建藩籬的中國人，如何在西方世界冷酷無情的激烈競爭中求生，尋找能在離鄉背景的遠程遷移中，圓其「歐洲夢」的經濟資源。

第二是「立足篇」，包含兩章。這是歐洲華僑華人經歷危機與大戰洗禮，浴火重生的重要時期，也是洋溢著感人肺腑之愛國激情的一頁。一方面，歐洲華僑同歐洲當地人民一樣，在德、意法西斯鐵蹄下，苦苦掙扎了六年。另一方面，萬里之外苦難的祖國也因日本帝國主義的入侵而有淪亡之禍，歐洲華僑迸發出空前高昂的愛國熱情，組織抗日救國團體，開展抗日救國宣傳，發動救國捐贈，並爭取國際輿論的支持，對中國抗日戰爭做出了特殊的貢獻，這是第三章的主要內容。第四章則從綜觀戰後歐洲復興到東西冷戰格局形成起步，剖析與歐洲人民一同走入戰後復興年代的上萬旅歐華僑，如何小心翼翼地在上下摸索中尋求新的適應，兢兢業業地在艱苦奮鬥中追求新的崛起。

第三是「發展篇」，包括第五章至第七章三個章節，是為本書內容最為豐富的組成部份。伴隨著歐洲統一的進程，歐洲華僑華人不僅在不同層面上，加速歐洲各國僑團之間的交往、協調與合作，而且在歐洲乃至在世界華僑華人舞台上，均表現得空前積極、主動，他們正自覺或不自覺地通過一系列內外整合，追尋、開拓新

法國華工紀念碑落成典禮

的發展天地。第五章追踪當代歐華社會人口構成的最新變化，第六章剖析其經濟活動，第七章則是解讀其社會整合進程。

三、融入歐洲架橋歐亞

翻閱本書，就像披覽一冊又一冊的華僑華人史一樣，心情都十分沉重，因為每一頁都有笑、有淚、有愛、有恨、有起、有伏，充滿著耐人尋味，發人深省的篇章！

研究歐洲華僑華人史，就需要考察中國與歐洲文化相互碰撞、相互交融的歷史；就需要剖析遷徙中的炎黃子孫，如何適應、融入異質文化環境，乃至以同時掌握中西兩種文化之優勢，在新的高度上，建立起海外華族新形象的歷史；就需要探討新時代的歐洲華僑華人，如何在東西兩極相撞中，走出一條新的人生道路。

從中國到歐洲，如此相隔萬里的跨境人口流動，勢必伴隨著異質文化之間的相互碰撞；中國人走入了歐洲，中國文化走入了歐洲，相隔遙遠的兩個大洲，通過一代代平民百姓的自發遷徙，和平流動，正在空前廣泛的基礎上，從一個特殊的層面，自下而上地推動民間交往，增進雙方的溝通與瞭解。基於此，作者在歷時五年完成此一巨著之後，特提出「融入歐洲，架橋歐亞」八個字，做為新的時代賦予百萬歐洲華僑華人的新機遇、新使命，當然也是新的挑戰。

（原載《僑協雜誌》，86 期，民國 93 年 4 月）

黃昆章、吳金平：《加拿大華僑華人史》

書　　名：《加拿大華僑華人史》
作　　者：黃昆章、吳金平
出 版 者：廣州廣東高等教育出版社
出版時間：2001 年 9 月
頁　　數：315 頁
定　　價：25 元人民幣

華僑華人史的研究，是海峽兩岸學者長期以來共同關注的重要課題，更是搞移民史的專家學者責無旁貸的神聖工作。相對於台灣學者在 1960 年代所從事的各國華僑志或華僑概況的編寫，大陸學者已從 1980 年代展開「東南亞華僑史叢書」、「世界華僑史叢書」的撰寫工作，在研究隊伍相對堅強與勤奮蒐集資料雙重優勢下，且已做出了不錯的成績。特別是廣州暨南大學在前歷史系主任兼華僑研究所（後改名為華僑華人研究所）所長朱杰勤的主編策劃下，這兩套叢書已先後出版了《菲律賓華僑史》、《印尼華僑史》、《新加坡馬來西亞華僑史》、《美國華僑史》、《日本華僑史》、《澳大利亞華僑華人史》等專書，頗受同行注目和肯定。

《加拿大華僑華人史》是「世界華僑史叢書」所推出的最新成果，由暨南大學華僑華人研究所組織人員撰寫。全書共分四編，其中第一編「自由移民時期的華僑（1858-1884）及第二編「繳納人頭稅時期的華僑」（1885-1922）由吳金平博士撰寫，第三編「禁止入境時期的華僑」(1923-1947)及第四編「政策逐漸放寬時期的華僑華人」(1948-2000)由黃昆章教授撰寫。全書蒐集海內外中英文資料相當完備論述了自1858年至2000年一百五十年間華僑移民加拿大的歷史和發展無疑是迄今為止中文著作中最稱詳瞻寫實的一部令人鼓掌叫好。

一部華僑移民史,可以說是一首可歌可泣、血淚交織而成的詩篇。華僑離鄉背井,遠涉重洋,艱苦奮鬥,以謀生活和出路,但求有朝一日衣錦還鄉,光宗耀祖,若事與願違,我可憐華僑,淪落海角天涯絕域,忍辱偷生,甚至客死他鄉,真是何等的悽慘!從東南亞到非洲、從歐洲到北美華僑的命運幾乎如出一轍,心酸備嘗,有誰知曉?加拿大是白人帝國主義的天下,黃皮膚、黑眼睛的華人,同樣逃不過高大白人的欺侮、歧視、苛待和壓迫,惡法惡行,罄竹難書,我不幸華僑對誰傾訴?

十九世紀中葉以後,到加拿大的華僑主要分為兩種,一是從美國前往不列顛哥倫比亞,加入「尋金熱」的華工;一是應募修築橫貫加拿大大鐵路的契約華工。請看他們在當地排華運動下,所受到的種種苛刻待遇和種族歧視:

- 與其他國家的華工一樣,他們的工資低,工作條件差,常常導致工傷事故。他們的生活條件惡劣,因缺乏蔬菜和水果,經常會有壞血病等疫病流行,又難耐嚴酷寒冬,導致許多苦難,甚至大量死亡。
- 在白人眼裡,唐人街是一個骯髒、不衛生、人口擁擠、犯罪的貧民窟,被認為是一個被上帝拋棄的邪惡之地。它總是盡量與白人社會保持距離,而在唐人街陰暗的角落裡,寄居著職業賭棍、抽鴉片者以及其他不為白人所喜歡的不潔者,他們是一幫幾乎很難跨越種族、膚色、語言和思想鴻溝的離群索居者。

在報紙推波助瀾、蓄意宣染下,華僑被刻劃成下列不堪的形象:

他們是一群不受歡迎的異類，對社區的成長與發展沒有做出貢獻。

他們是過客與經濟上的叛國者，來到此地的目的，主要就是賺夠了錢回中國去。

他們是一群不守規矩、不懂得正義感與公正觀念，需要拯救的落後、野蠻民族。

中國人不能喝威士忌，不會談論政治，不會投票，只能說不正確的蹩腳英語。

他們在法庭上的爭執，成為娛樂大眾的笑料。

他們內部的爭端無法自己處理，必須煩勞公眾的介入，借用白種人的智慧和耐心來解決。

中國人被視為不願意，也不可能被接納成為社區一分子的居民，他們只有因錢財糾紛而鬧上法庭時，才得到公眾的監督。

更令人心痛扼腕的是，為了限制華僑入境，聯邦政府對華僑所課徵的人頭稅不斷升高。1885 年為 50 加元，1901 年為 100 加元，1904 年更增至 500 元人頭稅，是強加在華僑身上的一項沉重負擔。根據華僑各業每月平均工資 4 加元計算，50 加元等於華僑一年的工資，100 加元等於二年工資，500 加元等於十年工資。人頭稅給加拿大帶來巨大的經濟收入，從 1885 年到 1923 年間，華僑共繳納人頭稅達 26,512,900 加元，比聯邦修建大鐵路的籌款 25,000,000 加元還要多。瘦了華僑，肥了政府，這種變相的橫徵暴斂，是何等的不公啊！

面對種種惡法和惡行，加拿大華僑並沒有一味忍讓，相反的，為了維護自己的尊嚴和應該享有的權利，他們團結起來，利用請願、示威、抵制、罷工和罷市等方式，進行抗爭，也曾透過外交的手段進行交涉。經過長期不屈不撓的奮鬥，最後迫使加國政府不斷修改移民法，放寬華人入境，真是守得雲開見月明，苦盡甘來。隨著新移民的繼續增加，華僑華人在加拿大終於有揚眉吐氣的今天。

（原載《僑協雜誌》，79 期，民國 92 年 2 月）

李恩涵：《東南亞華人史》

作　　者：李恩涵
出 版 者：台北五南圖書出版公司
出版時間：2003 年 11 月
頁　　數：915 頁
定　　價：新台幣 900 元

一、東南亞華人研究一枝獨秀

北京大學教授、華僑華人研究中心主任周南京曾說：「不論是海內，還是海外，對華僑華人歷史的研究是極不平衡的。由於華僑華人人口主要集中於東南亞地區，而且他們移居的歷史比較悠久，因此，對他們的歷史和現狀研究得比較多，也比較深入，這方面的著作和論文頗為可觀。」[4]

事實的確如此，自英人巴素（Victor Purcell）的《東南亞之華僑》（The Chinese in Southeast Asia）[5]問世以來，海內外學者有關東南亞華人史研究與現狀分析的專著和論文，真是車載斗量，不勝枚舉。即以筆者最近手邊所得，想要在新書櫥窗陸續介紹的便有，中山大學溫廣益教授主編的《二戰後東南亞華僑華人史》（廣州中山

---

4 〈周南京序〉，李安山著，《非洲華僑華人史》（中國華僑出版社，2000 年 1 月），頁 1。

5 郭湘章中譯，國立編譯館出版，正中書局發行，1966 年初版，上、下兩冊。

大學出版，2000年9月）、暨南大學東南亞研究所曹雲華教授著的《變異與保持——東南亞華人的文化適應》（中國華僑出版社，2001年5月）、[6]北京大學梁英明教授著的《戰後東南亞華人社會變化研究》（北京昆崙出版社，2001年8月）等新著。

東南亞地區在第二次大戰後，包括十個獨立國家，想把這些國家的華僑華人歷史寫好，確非易事，它需要掌握大量的資料，熟悉各國華僑華人的情況，並進行綜合比較，加以分析，才能別出心裁，展現與眾不同的特色。

二、老當益壯的作者

現年已達七三高齡的李恩涵教授，也是華僑協會總會會員，在退休（實則退而不休）之後，特別將他過去在新加坡大學執教期間及近幾年所蒐集到的豐富資料，經過一年半的整理和努力撰寫，終於完成一部厚達九百多頁，集中外名家大成的巨著——《東南亞華人史》，這在華僑華人研究學界，應是一件值得慶賀和令人鼓舞的大事。

李恩涵教授，1930年生，山東諸城人，台灣師範大學史地系畢業，美國夏威夷大學碩士，加州大學（Santa Barbara）博士，曾任國立新加坡大學高級講師、副教授（英制 Reader, A.P）、代主任，歷任中央研究院近代史研究所副研究員、研究員，台灣大學合聘教授、台灣師範大學、政治大學兼任教授，是一位以研究為志業，並且桃李滿門的資深教授，主要研究興趣為中國政治外交史、美國外交史、東南亞華人史。

李氏著述不輟，專著主要有《晚清的收回礦權運動》、《曾紀澤的外交》、《星馬華人與辛亥革命》（譯自顏清湟原著）、《北伐前後

[6] 已有介紹，參閱《僑協雜誌》80期（2003年4月），頁31-33。

的「革命外交」》、《日本軍戰爭暴行之研究》、《戰時日本販毒與「三光作戰」研究》、《近代中國史事研究論集》（一至三冊）等十餘種暨學術論文近百篇，稱得上是著作等身，成就非凡。

三、多采多姿的內容

本書可以說是作者過去講授「東南亞華人史」，在教學與研究方面所投注心血和展現功力的結晶。是書旨在對華人移民東南亞的背景因素和其特色，做一綜合性的分析，除自序與附錄外，共分四大部分二十三章，真是皇皇巨構。第一大部分先以時代為經，自唐代開始，歷經宋、元、明、清各朝，對其與東南亞各國的交往和移民活動，詳加敘述，至為完備。第二大部分則就華人社區在馬來亞（包括新加坡與現在的東馬來西亞）、印尼、菲律賓、泰國四大主要地區個別發展的歷程，所遭遇到的問題與其社區的特色為探索重點，作為上述時代順序「緯線型」的補充，經緯相互交叉互補。第三大部分則就南洋華人社會內的某些特殊問題，如華人同化、華人教育、華人社區組織與華人和中國維新革命運動的關係等，分別予以歷史性的追溯和分析。第四大部分就第二次世界大戰後，東南亞華人社會所遭遇到的種種問題與其個別的回應和解決之道，予以適度的考察。

最後，作者於結論中特別指出，在經歷第二次世界大戰結束後五十多年的今天，東南亞各國的華人已經完全自「華僑」轉變為植根於不同國家的少數民族的華裔公民或華人公民了。在長期的轉化過程中，新加坡、泰國與菲律賓的華人都算是順利而平穩的蛻變，但印尼、

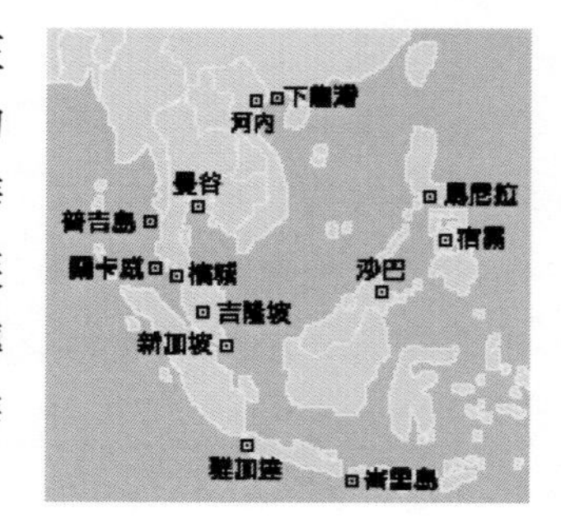

越南、柬埔寨的華人則不免經歷不少波濤洶湧的苦難日子，但不管如何，他們總算也可以站穩「少數民族」的地位，在與不同的母國做「政治認同」之餘，也已分別在其本國的範圍與架構內，和主流民族與「主流社會」繼續作「文化認同」與「種族同化」的更長期的互動歷程了。李教授甚至以為，此一未來的轉變過程，應該會像美國或加拿大那種「民族大熔爐」的方式一樣，基本上將是平順的。所有東南亞不同國家中的華人少數民族，都是中華範圍內中國人的親戚。中華民族花果飄零於世界各個不同的角落，他們已遠離故土，在新母國的庇佑下，深紮新根，枝葉繁茂，他們與原來的母體故國已絕無政治上的任何關係，有的只是文化上的聯繫，共同為世界文化的精進發展，做出更大的貢獻。

史學研究是一條漫長而艱辛的道路，既不能速成，也沒有捷徑。由於作者長期的耕耘和努力，讓我們高興看到一部相當全面具完整性的《東南亞華人史》終於出現。本書既可以當教科書讀，因為它體系完整，架構分明，所附參考書目豐富齊全，不但可以引你入門，而且進窺堂奧；本書也可以當專著看，因為書中也有許多作者個人含英咀華、春蠶吐絲的經典之論，美不勝收！

（原載《僑協雜誌》，84 期，民國 92 年 12 月）

曹雲華：《變異與保存——東南亞華人的文化適應》

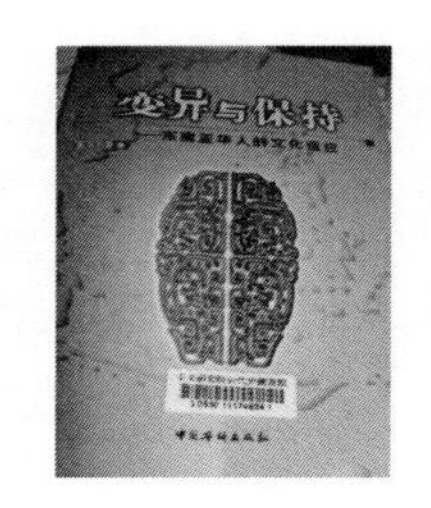

作　　者：曹雲華
出 版 者：中國華僑出版社
出版時間：2001 年 5 月
頁　　數：394 頁
定　　價：21.5 人民幣

一位名叫赫伯特・S・伊的學者，曾經對 80 年代的中國華僑華人問題研究的狀況進行過一次總結。他認為，這個時期的華僑華人研究存在如下幾個方面的局限性：

一是課題領域的局限性。主要側重於華文教育、華僑華人文化、華工移民史、著名華僑傳記和華僑華人社團等傳統的研究課題。這樣的課題結構，遠遠不能適應中國與東南亞國家與日俱增的聯繫的需要。一些更值得注意的課題領域，如中國的華僑政策和原住民的關係、華僑的心態、社會行為和政治參與等，並沒有真正受到重視。

二是研究方法和研究技術的限制。中國學者研究東南亞華人問題的一個主要特點，是把它們分割成一塊塊進行分門別類的分析，如華人歷史、華人經濟、華人社會、華人政治、華人文化及國別華人（如馬來西亞華人、印度尼西亞華人）等等。另外在研究方法上，也幾乎數十年如一日，基本上沿用以前的階級分析法、歷史學方法、定性分析法。這些方法有其固有的弱點和局限性，例如傳統的歷史研究法，在研究事件中或政策的由來和後果時，使用直線的因果思維模式，文章很難跳脫原因——過程——結果的直線模式窠臼，結果終歸只是一項按年月順序的記述工作，而非一種具有理論性的創新工作。

三是政府管理政策的限制。長期以來形成的許多習慣性思維方法，自覺或不自覺地劃定了許多研究的敏感領域，即台灣所謂的「禁忌」。研究人員一般不能也不太願意進入這些「雷區」，以免有觸雷的危險。

本書作者，暨南大學東南亞研究所教授曹雲華，有鑑於上述三種限制，試圖在研究方法上進行一些突破，運用民族學、社會學、人類學、民族社會學、文化社會學、文化人類學等學科來研究東南亞華人問題，對東南亞華人問題進行立體的、綜合的、交叉的透視。

本書主要以戰後東南亞華人與當地民族關係的發展演變做為研究對象，東南亞華人與當地民族的關係涉及的範圍很廣，需要研究的問題也很多，本書特別從文化適應的角度切入，研究華人與東南亞當地民族之間，是怎樣在各方面互相做出調整與相互適應的。這無疑是一個新的嘗試。

首先，我們來看看當地民族的華人觀。知己知彼，這是十分有趣的課題。

一、東方之猶太人

泰國國王拉馬六世的《東方之猶太人》一書，把華人比作西方的猶太人，作者認為兩個民族在民族性方面有驚人的相似之處。第一，兩個民族都具有很強烈的民族意識；第二，兩個民族都有悠久的歷史和高度的文明；第三，華人與猶太人一樣，都具有賺錢的天才；第四，與猶太人一樣，華人對待宗教的態度完全是實用主義的。換言之，他們都信仰宗教，但都不是真正的教徒，而是實用主義者。

最後，作者批駁了泰國國內一些人提出的，關於華人幫助泰國發展經濟的觀點。作者竟把華人比做專門吃農作物的「害蟲」，他認為，華人來到泰國實際上是一種「禍害」，可以稱之為「華禍」，應該與這種禍害做堅決的鬥爭。因為，華人公然利用各種不正直的手段，耗盡東道國的資源，就像吸血蟲從人身上吸吮鮮血一樣。

泰國國王拉馬六世的《東方之猶太人》一書，集中反映了泰國民族主義者的華人觀，在整個東南亞也是非常有代表性的，是一本最早有系統地闡述東南亞當地民族中的極端民族主義者，對華人的看法的代表作。它對後來的泰國政府及其他東南亞國家的民族主義，產生了深遠的影響。

二、馬來人的困境

與 50 年前發表的《東方之猶太人》一書相比，馬哈蒂爾在 20 世紀 70 年代初撰寫的《馬來人的困境》一書，將華人與馬來人進行比較，通過闡述馬來人的「困境」，以襯托華人在馬來西亞的優越地位，及其對馬來人生存所構成的威脅。作者對華人的看法，集中反映和代表了東南亞新一代民族主義者的觀點。

經過比較，作者得出了華人比馬來人優秀的結論。與華人相比，馬來人有一個天生的弱點，就是缺乏競爭意識，不願學習和掌握新的技術與知識，常常滿足於現狀，相信命運。馬來人還具有輕視物質、重視精神的民族性格，而華人則正好相反，華人天生是物質主義者。作者對華文教育也提出批評，認為馬來西亞的華文學校不是為民族的團結與和諧服務，不利於培養學生對國家的忠誠，不利於國家的統一。一個個華文學校儼然就是一個個「小中國」。作者還認為，馬來人對華人一直存在一種恐懼感，他們害怕較有競爭優勢的華人會使馬來人喪失一切。作者甚至把馬來人比做是美國的印第安人，正面臨著與美國印第安人同樣的命運！

三、文化的碰撞與適應

華人是最能夠適應環境的一個民族。面對異國的這種特殊生活環境，華人如何適應？長期以來，東南亞華人移民及其後裔對東南亞當地主體民族的文化，既有適應的一面，也有不適應的一面。適應的一面，表現為華人與當地民族和睦相處，同舟共濟，共同促進所在國的經濟社會和文化發展；不適應的一面，處理得不好，便有可能釀成各種矛盾和衝突。

文化適應是動態的歷史過程。本書作者把華人在東南亞的文化適應，劃分為初級和高級兩個階段。在初級階段，文化適應的過程是：容忍——承認—接受，這可以從語言、生活方式和跨民族的人際關係三方面找到答案。在高級階段，主要表現出認同與融合。經過幾代長期的生活，華人移民及其後裔已經融入了東道國的主流社會，積極地參與東道國的經濟生活、政治生活和社會文化生活。華人的這種高度適應性，也創造了世界各地的各類的華人意識。

（原載《僑協雜誌》，80 期，民國 92 年 4 月）

許天堂：《政治漩渦中的華人》

書　　名：政治漩渦中的華人
作　　者：許天堂（印尼）
譯　　者：周南京
出 版 者：香港社會科學出版社
出版時間：2004 年 12 月
頁　　數：1094 頁
定　　價：港幣 300 元

一、急起直追——北大推出「華僑華人研究叢書」

論大陸的華僑華人研究，當以 1956 年福建廈門大學南洋研究所（現已改名為南洋研究院）的成立為嚆矢。自 1970 年代末以降，中國的改革開放更大大促進了對華僑華人的研究，不僅一個個的專門研究機構如雨後春筍般的設立，而且諸多資料的蒐集整理和出版工作也加快了步伐，還有新研究成果的陸續推出，相關研討會的接連舉辦，國際學術的頻繁交流，在在顯示這一領域在中國所受到的重視程度與欣欣向榮的景象。

北京大學在國際學院周南京教授的領導下，除主編並出版《華僑華人百科全書》共 15 卷外，並於 1999 年成立了「華僑華人研究中心」，利用該校多學科綜合的特點，加上周教授廣闊的人脈，推出華僑華人研究一系列叢書。截至目前為止，該中心已出版了廿四種專著，成果極為豐碩可觀。茲將作者與書名和出版時間附列如下：

(一) 李安山著，《非洲華僑華人史》，2000 年。
(二) 梁英明著，《融合與發展——東南亞華人研究論文集》，1999 年。
(三) 丘本立著，《從世界看華人》，2000 年。
(四) 蔡仁龍著，《印度尼西亞華僑與華人概述》，2000 年。
(五) 李君哲著，《海外華文文學札記》，2000 年。
(六) 孔遠志著，《印度尼西亞馬來西亞文化探析》，2000 年。
(七) 許友年著，《馬來民歌研究》，2001 年。
(八) 蕭忠仁著，林六順譯，周南京審校，《蕭玉燦傳》，2001 年。
(九) 李文正著，孔遠志、林六順譯，周南京審校，《在危機中覓生機》，2001 年。
(十) 方雄普著，《朱波散記——緬甸華人社會掠影》，2000 年。
(十一) 周南京主編，《巴人與印度尼西亞——紀念巴人（王任叔）誕辰一百週年》，2001 年。
(十二) 周南京著，《風雲變幻看世界——海外華人問題及其他》，2001 年。
(十三) 周南京、凌彰、吳文煥主編，《黎薩爾與中國》，2001 年。
(十四) 張俞著，《越南、柬埔寨、老撾華僑華人漫記》，2002 年。
(十五) 李明歡著，《歐洲華僑華人史》，2002 年。
(十六) （日本）中華會館編，《落地生根——神戶華僑與神阪中華會館百年史》，2003 年。
(十七) 翟興付著，《薩摩亞華僑華人今昔》，2003 年。
(十八) 龍若高著，《海外華商經營管理探微》，2003 年。
(十九) 周南京著，《華僑華人問題概論》，2003 年。
(二十) 周南京、孔遠志主編，《蘇加諾、中國、印度尼西亞華人》，2003 年。

(二十一) 程希著，《當代中國留學生研究》，2003 年。
(二十二) 趙和曼著，《少數民族華僑華人研究》，2004 年。
(二十三) 榮仁龍著，《印度尼西亞華人企業集團研究》，2004 年。
(二十四) （印尼）許天堂著，周南京譯，《政治漩渦中的華人》，2004 年。

二、許天堂其人其書

作者許天堂（Benney G. Setiono）是印尼華人學者，1944 年 10 月 31 日於西爪哇省庫寧岸縣。祖父係華商，後遭當地民兵殺害，父母被迫攜帶子女逃難，嗣後移居雅加達。父親許新英，係作家，著有《蔣介石》、《孔夫子》、《莊子》、《新中國友或敵》、《希特勒》等書。

許天堂先後畢業於雅加達天主教初中、高中，1962-1965 年就讀雅加達國籍協商會大學（後改名共和大學）經濟系，後因學校遭暴徒焚燬而輟學。輟學後在雅加達、三寶壟、香港等地經商，先後主持多家進口貿易有限公司。

許天堂並非歷史科班出身，他自己也謙虛的表示，「完全不打算製作歷史學家。」，但作者懂得歷史研究的基本方法，尊重客觀的歷史事實，在行文中儘量讓歷史事實來說話，沒有任意杜撰歷史，分析問題亦客觀公允。更重要的是，作者無疑閱讀和利用了許多著作、報紙、雜誌、文獻、訪談錄和各式各樣的工具書，故內容極為豐富。

以往有關印尼華人的著作不少，但總的來說，其背景比較狹窄，往往單刀直入式或孤立地論述華僑華人的問題，使人感到華僑華人問題游離於印尼歷史之外。誠如本書譯者周南京教授所指出，許天堂的著作卻把華人問題置於印尼歷史的大脈絡中，突出或強調了華人與「政治漩渦」不可分割或依存的關係。許氏採取這種論述和架構，令人耳目一新。作者通常的手法是，在各章中先評述不同歷史時期的「政治漩渦」，然後講述華人在其中的地位、相互關係和作用。

在漩渦翻滾的華人

本書共分為七大部份，凡五十八章，書末有附錄、參考書目、索引及周南京教授所撰〈許天堂著《政治漩渦中的華人》〉一文，此文可做為本書的最佳導讀。

茲將本書的七大部份，縷列如下，俾供讀者略窺其貌：

第一部份：印度尼西亞民族和華人的到來。

第二部份：十六世紀——廿世紀初的華人社會。

第三部份：民族覺醒——獨立宣言時期（1900-1945）。

第四部份：革命時期（1945-1950）。

第五部份：議會民主時期（1950-1959）。

第六部份：有領導的民主時期（1959-1965）。

第七部份：新秩序時期（1966-1998）。

華人在印尼，就如同在東南亞某些國家一樣，往往帶有某種原罪，以致爹不親母不疼，誠如曹雲華在《變異與保持》一書中所指出，綜合印尼當地民族的統治階級和知識份子對華人的基本看法，至少有以下幾點：

一、華人是剝削者；華人富有、貪婪、為富不仁。

二、把華人歸類為外國人，指責華人利用印尼人民的苦難，牟取暴利，甚至把造成印尼民族矛盾的原因，完全歸咎於華人身上。

三、華人對利潤的追求和商業手段及投機行為，破壞了印尼社會的風氣和道德。[7]

本書雖非刻意要描繪華人在印尼的血淚奮鬥過程，但華人在印尼多變而充滿驚濤駭浪的政治漩渦中，仍然飽經憂患，吃苦受難，有的被屠殺，有的婦女遭到強姦，不斷的在漩渦中翻滾，血跡斑斑，罄竹難書。

首先，荷蘭人的到來，使華人與當地居民原本和諧的關係逐漸變得疏遠。對荷蘭人而言，華人與當地居民之間的和諧關係，好比是「眼中刺」，因對他們的統治印尼的企圖構成危險。所以，荷蘭政府頒布將兩者隔離的政策，實行「分而治之」。在荷蘭人的統治下，華人只是被當作為殖民政府的政治和經濟利益服務的工具而已。華人只須納稅而不享權利，他們被孤立於教育之外。

在日本佔領時期，所有華人領袖和知名人士，不論是土生華人或是新客華人，統統被逮捕拘押。全部華人社團，包括國民黨黨部和中華會館同遭解散或被禁止活動。新聞媒體的編輯和工作人員也遭到相同的命運。

獨立後，本土政權一波波地相繼上台，政治上屬於弱勢族群的華人，在每一件暴力事件中，無不成為「柿子挑軟吃」的目標。在絲毫沒有保障的情況下，華人總是成為「欲加之罪，何患無辭」的代罪羔羊，甚至慘無人道行為的犧牲品。在 1946-1948 獨立革命過程中，華人遭到大屠殺。在蘇哈托時代，華人被指控為第五縱隊、囤積居奇者，他們從未關心人民的利益。華人甚至被指控為雙重效忠，而且總是把金錢轉移到國外。

總而言之，本書具有學術價值和現實意義。它是一本印尼大歷史，也是一本華人在印尼的血淚奮鬥史。它不僅有助於華人讀者瞭

7 曹雲華，《變異與保持——東南亞華人的文化適應》（北京中國華僑出版社，2001），頁 84-85。

解印尼華人歷史的演變過程，同樣有助於印尼廣大讀者瞭解印尼歷史和促進印尼民族與華人之間的相互瞭解。

（原載《僑協雜誌》，95 期，民國 94 年 11 月）

陳鴻瑜：
《中華民國與東南亞各國外交關係史》

作　　者：陳鴻瑜
主 編 者：國立編譯館
出 版 者：鼎文書局
出版時間：2004 年 10 月
頁　　數：659 頁
定　　價：新台幣 500 元（平裝）

一、外交政策忽視東南亞

東南亞國家雖是我們的近鄰，但因為過去都是中國的藩屬或朝貢國，在漫長的歷史發展中，除了僑務之外，在外交上並未受到應有的重視。中華民國成立迄今已達 94 年，從政府遷台到現在也已超過半個世紀，但不可諱言的，政府在外交政策上對東南亞一直是忽視的，主要因為我們過去必須與英、美、法、俄、日、德等列強周旋，唯其馬首是瞻；遷台之後的對外關係更不能不以美、日為主，因為台灣所需要的外來資金和技術，並非經濟不發達的東南亞國家所能提供（僑資另當別論），因此雙方的經貿往來也並不熱絡。

先天的侷限，再加檔案資料的尚未完全公開，以及時間上的過於逼近，要想撰寫一部較完整的中華民國與東南亞國家外交關係史，並非易事。而作者卻能以參與國史館《中華民國史外交志》，[8] 負責撰寫部份東南亞國家與中華民國外交關係的成果為基礎，輔以三個年度的國科會研究計畫為延伸，以無比的毅力克服各種困難，完成這一部具有開拓性兼具學術性與大學用書的《中華民國與東南亞各國外交關係史》，這真是研究東南亞國家問題者樂意聽到的佳音。

二、作者其人和相關著作

作者陳鴻瑜教授，台灣花蓮人，1948 年 10 月生，係國立政治大學學士、碩士、博士，並先後為美國喬治城大學、新加坡東南亞研究院訪問教授。早年擔任國立政治大學國際關係研究中心研究員兼國際組副召集人、召集人，並主編《問題與研究》月刊，其後借調國立暨南國際大學，先後出任該大學教授兼東南亞研究中心主任、東南亞研究所教授兼所長，現為國立政治大學歷史系教授。

陳鴻瑜教授早年專攻東南亞國際關係，且以當代事務為研究對象，其後逐漸涉獵歷史與華僑華人問題，著作甚豐，其主要專著有：

一、《菲律賓的政治發展》，台灣商務印書館，1980 年。

二、《政治發展理論》，桂冠圖書公司，1982 年。

三、《南海諸島與國際衝突》，幼獅公司，1987 年。

四、《東南亞各國政治與外交政策》，渤海堂，民國 1992 年。

五、《東南亞國家協會之發展》，國立暨南大學東南亞研究中心，1997 年。

六、《台灣邁向亞太整合時代的新角色》，台灣書局，1996 年。

七、《南海諸島之發現、開發與國際衝突》，國立編譯館，1997 年。

---

8 劉達人、周煦、陳三井主編，《中華民國史外交志》（國史館印行，2002）。

八、《菲律賓史——東西文明交會的島國》，三民書局，2003 年。

此外，作者在借調暨南國際大學任內，曾主編《東南亞季刊》，在擔任中華民國海外華人研究學會理事長任內，曾主編《海外華人社區發展》、《邁向廿一世紀海外華人市民社會之變遷與發展》、《中華民國之僑務政策》等叢書，對於東南亞與華僑華人問題研究之推動，不遺餘力。

三、本書主要內容

本書分十二章，除第一章導論、第十二章結論外，共有十章，分別討論與新加坡、馬來西亞、菲律賓、越南、泰國、印尼、緬甸、柬埔寨、寮國、汶萊等十個國家的外交關係。主要內容在追溯設使領館經過與探討雙方實質關係的發展。論篇幅，以中越關係（佔 227 頁）、中泰關係（佔 118 頁）、中印關係（佔 44 頁）三章較為吃重，這或與國科會的研究計畫有關。相形之下，中新（加坡）關係（僅 18 頁）、中馬關係（17 頁）、中柬關係（5 頁）、中寮關係（7 頁）、中汶關係（1 頁多），顯得較薄弱，在整體結構上有欠平衡，這當然也是巧婦難為無米炊之故。

論中華民國與東南亞各國的外交關係，特別是 1950 年至 2000 年時期的外交關係，一般可以一、邦交變化；二、條約關係；三、使領館變化；四、高層官員互訪；五、經貿關係的拓展等五項指標，做為觀察重點。由於內戰失利，政府於 1949 年播遷來台。當時國際環境十分險惡，繼蘇聯之後，東南亞第一個承認中共的是緬甸（1949 年 12 月）。寮國於 1953 年 10 月獨立後，於 1962 年 5 月與我建交，不久又因承認中共，於同年 9 月與我斷交。柬埔寨（高棉）獨立後，於 1958 年與中共建交。新加坡獨立後，與我雙方同意在彼此首都互設商務代表團，以促進貿易觀光及其他經濟關係。新國在 1990 年 10 月 3 日與中共建交。馬來西亞獨立後，與我國維持一段實質關係，而於 1974 年 5 月與中華人民共和國建交。戰後，我與越南、菲律賓、泰國維持較正常而持久的外交關係，但至 1975 年，此種關係已不再。印尼的情形較為特殊，印尼共和國於 1949 年 12 月真正獨立後，蘇卡諾總統採取親共政策，1950 年 6 月與中共政權建交，其後印尼共產黨於 1965 年 9 月發動政變，後經蘇哈托將軍敉平亂事，1967 年蘇哈托繼任總統，因為中共涉及該國共黨顛覆活動，在外交政策上乃改採親西方政策，並與中共斷交，也逐漸與我改善關係。汶萊過去一直是英國的保護國，直至 1984 年，才取得獨立地位。

從上簡述可知，中華民國與前述十個東南亞國家目前並無正式的外交關係，但在外交困境中，仍與東南亞國家發展出實質的關係，促進了雙方的互利互惠，其密切程度卻遠超過以往有邦交時期。由此可見，經濟實力是目前台灣拓展外交關係的強大後盾。「治史者，非以史自娛，而係用以惕厲；讀史者，亦非以史自娛，而係用以借鏡。」這是作者撰寫本書的微言大義。

（原載《僑協雜誌》，97 期，民國 95 年 3 月）

輯四

回憶、傳記與文學篇

鄭曦原：
《帝國的回憶：紐約時報晚清觀察記》

編　　者：鄭曦原
出 版 者：台北遠流出版公司
出版時間：2003 年 2 月 1 日
頁　　數：上、下冊，670 頁，附錄 27 頁
推廣特價：新台幣 199 元

《紐約時報》(*New York Times*) 自十九世紀中葉創刊以來，歷經一百五十年，至今仍雄踞美國，乃至西方主流媒體的領袖地位。這在世界新聞史上，乃是絕無僅有的事。

本書編者鄭曦原，1963 年出生於四川省內江市。1984 年，畢業於蘭州大學，後出國就讀於紐約語言學院和外交學院。1992 年進入中國外交部，後曾在中國駐美國紐約總領事館工作三年，旋任外交部二等秘書。現供職於外交部政策研究室。

編者在中國駐紐約總領事館服務期間，曾比較系統地查閱了《紐約時報》從 1853 至 1997 年的對華報導目錄索引，因而觸動他根據這些原始報導，來編籌一部反映中國近現代史的著作，期望尋找到《紐約時報》對華報導於美國主流社會，形成美式「中國觀」的影響線索，同時，也以一個獨特的視角，重新審視中國社會、政治、經濟和文化等諸領域的變遷，希望捕捉到中國由積弱轉強，最終實現民族復興的歷史軌跡。全書的主旨，在建構毋忘國恥，因此，對清代社會人權的低落、鴉片荼毒、聯軍擄掠，報導歷歷在目。這是「紐約時報看中國」三部曲的第一部。將來如果條件允許，編者還準備著手第二部「民國卷」和第三部「人民中國卷」的編纂工作。

全書共分七篇，篇名分別是：

第一篇　夕陽的社會；

第二篇　蛻變的文化；

第三篇　詭異的內政；

第四篇　艱難的國防；

第五篇　酸澀的外交；

第六篇　革命的抉擇；

第七篇　絕境的奮爭。

本書是一種新聞史料彙編，也算是一種準歷史。誰在史料上做功夫，誰就是準史家。本書的史家，不是《紐約時報》的記者編輯，而是本書的編者。透過鄭曦原的史眼，我們來看《紐約時報》對晚清帝國的平面觀察，能否在今日勾起我們幾許的回憶！

一、對西太后既恨又怕

1908 年 11 月 15 日，慈禧太后崩逝。《紐約時報》對這位綽號「老佛爺」的獨裁者，有這樣的評論：

－在清國人中間，他們對慈禧太后既恨又怕。

－雖然她所受的教育不多，但卻是一個多面手。她所具有的，並不僅是維持權勢所必須具有的冷酷、堅定的意志，以及冷血、殘忍的統治手段，她還擁有其他一些東西（如藝術才華、天性幽默等）。

－她是她那個圈子裡無可爭辯的女主人，一切事情都受到她嚴密的控制。

二、孫中山的吶喊

在〈革命的抉擇〉一篇中，我們看到孫中山為建立共和新中華所做的吶喊。時報為他留下了歷史的見證：

－孫中山受過高等教育。他自己聲稱是出生在香港的英國公民，其英國公民身分令人懷疑。

－孫先生展示了他做為一個東方人的才能，他通過喚起英國公眾的同情，而使他的政見能傳播開來，以便能夠從新的韃靼部落手中拯救中國。

－清國叛亂並非偶然爆發，而是在孫博士領導下，由一批最精明的進步人士組成革命團體，經他們精心策劃和秘密組織，才取得今天的結果。

－孫博士身材纖細，體型矮小，具有學者風度。多少年來，他一直都是統治者的眼中釘、肉中刺。從一開始，他的頭顱便被重金懸賞，然而，他卻能夠一次次逃脫清政府編織的追捕網，並且悄無聲息地周遊世界，從事革命宣傳，指望有朝一日實現夢想，建立一個共和制的新中國。

三、華人、鴉片、唐人街

在〈絕境的奮爭〉中，我們再次從西方媒體的惡毒報導中，感受到那些走出去的同胞，懷著中華文化的種子，落在異國堅硬和排斥的土壤中，如何在虎狼相爭的凶惡世界裡，生根發芽，終於長成參天的大樹，變成華族文化的新森林。

－清國人喜歡吸食鴉片煙，如果不准他吸食鴉片，他的臉色就會變成像死人一般慘白，他會精神錯亂，比一個醉漢還要差，既無法入睡，也無法思考。當他醒著時，會像發瘧疾一樣，全身戰慄發抖不止！

－即使是站在院子裡，從房子門窗飄出來的氣味都異常惡臭，令人噁心。在通往院落後房門的台階前，有一個進入地下室的洞口，這要下三級木製的台階。我們順階而下，鑽進了洞口，再推開一扇門走進去，裡面非常黑暗、潮濕。我們又穿過左側的一扇門，就來到了鴉片鬼的中間。

－這裡只有半幅窗扇大小的一面小窗子，窗框上覆蓋著厚厚的灰塵和其他骯髒的東西，幾乎讓任何光線都無法穿透，房間裡混混暗暗的，熱浪、煙霧和惡臭之氣撲面而來，過了好長一段時間，我們的眼睛才適應了這裡昏暗和模糊的光線，看見房子裡有一個面容憔悴和蒼老的清國人。他嘴裡叼著一隻煙斗，斜靠在一只火紅的爐子旁。他在用一口鐵鍋煮著什麼或許是一隻耗子。

（原載《僑協雜誌》，81 期，民國 92 年 6 月）

陳誠：《陳誠先生回憶錄——抗日戰爭》

書　　名：陳誠先生回憶錄——抗日戰爭
作　　者：陳誠口述
出 版 者：國史館
出版時間：2004 年 12 月
頁　　數：上、下兩冊，共 994 頁
定　　價：新台幣 1,000 元

一、從「大溪檔案」到「石叟叢書」

在歷史舞台上，人物永遠是啟動風雲的主角，正史中的本紀、列傳或一般傳記作品之所以引人入勝，除了因為它以人物為中心，描寫生動，有血有肉，最能激起讀者的共鳴之外，主要在於它論功過、評得失，具有「深獲我心」的殷鑑作用。如果把這兩種特質抽離，則呈現出來的可能是一篇難以卒讀、索然無味的東西。

檔案是史學研究不可或缺的養分，其於史學工作者，好比水幫魚一樣。缺乏堅實檔案做為基礎的史學研究，往往流於空泛，有如天馬行空，漫無邊際，不是搔不到癢處，便是隔靴搔癢。要想得心應手悠遊於史學園地，「橫看成嶺側成峰」或「濃粧淡抹總相宜」。脫離檔案或輕視檔案，恐怕都難以見功。

治中國近、現代史的學者都知道，「大溪檔案」與「石叟叢書」的重要性。「大溪檔案」現已正名為「蔣中正總統檔案」，其內容依性質可分為：籌筆、革命文獻、特交文卷、特交文電、特交檔案、領袖家書、文物圖書、蔣氏宗譜、照片影輯和其他類共十項，數量相當驚人。其中第七項的文物圖書，又包括《事略稿本》（1927-1948）、《事略簡編》、《困勉記》、《游記》、《學記》、《省克記》、《愛記》等共四百五十八冊。特別是起自 1927 年下迄 1948 年的《蔣總統事略稿本》，曾摘抄蔣氏相關函電令告及日記，有極豐富且具價值的史料。《事略稿本》已由國史館正式印行，已發行十六冊，時間起自 1927 年 1 月至 1932 年 9 月（容另文介紹）。

「石叟叢書」是故副總統陳誠個人的資料。陳誠，字辭修，浙江青田人。以舊居接鄰明代誠意伯劉基（伯溫）讀書處之石門，而青田又產美石（即青田石），因以「石叟」自號。「石叟叢書」分成文電、言論、專著、計畫、傳記、語錄、雜著、附存等八大門，共八十四冊，約一千萬餘言。此次國史館將陸續出版的《陳誠先生回憶錄》，係就「石叟叢書」八大門中的傳記門、文電門中的上蔣中正先生函電以及附存門中的「總裁手翰影存」與「石叟手稿影存」彙編而成。依時間先後，分別為北伐平亂一冊、抗日戰爭兩冊、國共戰爭一冊、建設台灣兩冊，共兩百萬字，約占「石叟叢書」的五分之一，可說是全書的精華。

二、從胡宗南到龍雲

《陳誠先生回憶錄——抗日戰爭》包括「抗戰」及「我與湖北」兩部，前者係陳述抗戰期間之經歷及其觀察所得；後者為其擔任湖北省政府主席任內推行省政的回顧及對問題的省思。在文中，對於若干政治人物如張治中、湯恩伯、胡宗南、龍雲、史迪威等的評論，十分值得注意，可以提供相關研究之參考。茲略引數則如下：

胡宗南，浙江孝豐人，歷任集團軍總司令、戰區司令長官，率部駐關中。

「胡宗南之負責及其不與政客官僚同流合污，可謂上選。毛病在諱莫如深，不善與人接近。因此成了西北有名的神秘人物，不僅為地方父老所不瞭解，就連中央也覺得他不易駕馭。」

龍雲，字志舟，為雲南彝族人，任雲南省主席（1929-1945）。

「龍雲既出身彝族，又極無賴。自政府假以事權後，即利用民族偏狹之見，厚植私人勢力，以為抗拒中央的資本。……，驕奢自恣，儼然為『雲南國之南面王』，私生活非常腐化，於軍政大計無所瞭解。除喜位置宗親外，就只知接近一班諂佞小人。」

「如以無法無天、無惡不做而論，則當以龍雲為巨擘」。

史迪威（Joseph W. Stilwell），美國西點軍校畢業，曾任駐華美大使館陸軍武官。抗戰時期，奉派來華擔任中國戰區參謀長職務，指揮遠征軍作戰。

「史迪威確實是一位卓越勇敢善戰的軍人」

「我與史迪威相處之道，一言以蔽之，就是言而有信。凡是答應人家要做的事，一定做，並且儘速的做。凡是不能做的事，根本就不會答應」。

「史迪威對於共黨缺乏認識，他認為他能指揮共軍，想把共軍編入國軍的戰鬥序列，隨意由他調整到各戰場上使用。這一點表示他對共產黨根本缺乏認識，除非莫斯科，共軍是不受任何人調遣的」。

三、長沙大火與東北接收

據陳誠回憶，抗戰八年，有兩件最使人痛心的事：一是汪兆銘甘心做漢奸，一是湖南省主席張治中長沙放火。此處只談長沙大火

武漢撤守後，第二期抗戰的重心，實以長沙的攻防戰為首要，長沙也是九戰區的心臟。身為九戰區司令長官的陳誠，保衛長沙自是責無旁貸之事。不料，民國 27 年 11 月 12 日，長沙突然發生大火，延燒數日。居民在睡夢中聞警，多半隻身逃出性命，倉皇中葬身火窟者達萬餘人。而逃出來的，在家破人亡之餘，亦多痛不欲生。此情此景，令人不忍卒睹。

這場大火是有計畫放的，但誰是火頭？誰是主使者？卻成了當時一大疑案。事後組成軍法會審，追究責任，將長沙警備司令酆悌、警備第二團團長徐崑、湖南省會警察局長文重孚三人槍斃。身為湖南省政府主席的張治中革職留任。當時街談巷議頗不以此處置為然，公開張貼文字詆斥張治中者，隨處可見。有一副嵌入張治中姓名的聯語及橫額，最為傳誦一時：

（上聯）治績云何，兩大政策一把火；
（下聯）中心安忍，三顆人頭萬古冤。
（橫額）張皇失措

陳誠對張治中於大火的事表示全不知情，事後因無憑無據而將責任推卸得一乾二淨，頗有微詞。陳誠因職責所在，曾上書蔣委員長主張嚴懲肇事人員，力陳「姑息縱容，諱疾忌醫之非計」，甚至傳聞陳誠是主張槍斃張治中的一個人。

當事人張治中在他的回憶錄中曾提出辯白，認為長沙大火是在「焦土抗戰」的指導思想下的部署，本來是有計畫、有組織來進行的，只是沒有料到燒早了、燒快了，這是當時的疏忽。他還提出蔣委員長的一封密電，電云：「長沙如失陷，務將全城焚毀。望事前妥密準備，勿誤！」並舉出在長沙還舉行了一次由蔣親自主持的軍事會議，確定了新的「焦土抗戰」的方針。[1]有此尚方寶劍，張治中乃可免於一死。不過，他受命擬訂和執行破壞長沙的計畫，仍然是有責任的。

抗戰勝利後，政府遷都南京，復員與接收工作同時並進。無奈接收變成「劫收」，不少接收大員搞官商勾結，盜賣物資，中飽私囊，即所謂的「五子登科」，東北、平津甚至台灣同樣一蹋糊塗。東北的接收，中央的政策明顯地不讓張學良回東北，在各方勢力角逐下，東北行轅主任最後落到政學系的熊式輝頭上。東北的事本來就棘手，熊式輝對東北根本不瞭解，何況他非常討厭以 CC 派勢力為主的黨務工作人員，以致黨政分家，雙方各自為政。

陳誠繼熊式輝之後，臨危受命，出任東北行轅主任。陳誠歷任軍政部長、參謀總長等職，對於國軍的整編十分堅持。而於勝利後不收編偽軍及游擊隊的做法，卻備受攻擊，例如李宗仁的回憶錄說：「更有一荒唐絕頂的事，便是陳誠在勝利後所發的一連串的遣散偽軍的命令。東北偽軍四十萬，均由日本配備訓練，極有基礎。他們久處日軍鐵蹄之下，含憤莫雪，一旦抗戰勝利，無不磨拳擦掌，希為中央政府效命，一雪作偽軍之恥。當時政府如善加綏撫，曉以大義，這四十萬偽軍只需一聲令下，即可保東北於無虞。無奈陳誠仰承上峰旨意，竟下令遣散。……此舉直如晴空霹靂，數十萬偽軍頓時解體，林彪乃乘機延攬，偽軍的精華遂悉為中共所吸收」[2]陳立夫在他的回憶錄——《成敗之鑑》也指出，「在東北打游擊的部

1　《張治中回憶錄》，上冊，頁 263、267。
2　李宗仁口述，唐德剛撰寫，《李宗仁回憶錄》，下冊，頁 589。

隊，都是本黨同志，後來軍政當局卻不要這些游擊隊，引起他們的怨恨。中央這項政策的錯誤，導致華北、東北那些打游擊的人，大失所望，最後只得投向共軍那邊」。[3]歸根結底，東北的淪陷，陳誠要負最大的責任。

因此，第一屆國民大會於民國 37 年 3 月 29 日在南京揭幕後，國大代表即紛起討伐陳誠，理由是東北作戰失利、整軍及收編偽軍問題。先是在 4 月 12 日的第六次大會上，有國大代表尹冰彥、張振鷺、趙可夫等數人，對辭修先生攻擊甚烈，有「斬馬謖以謝國人」之語，大會並收到由何佛情等卅五人所提出之「請政府嚴辦參謀總長陳誠」議案，其辦法第一項為：「由大會決議請政府將參謀總長陳誠，明令撤職，並查明貽誤軍機事宜，交付軍法審判。」所幸議案並未通過，政潮亦歸於平息。

專門研究偽軍的青年學者劉熙明指出，「國府不要的偽軍及游擊部隊的自願投共，只是中共新增兵源中的一部份。所以，若將共軍擴充兵源的大部份視為被國府裁編者，並不正確。」劉熙明又說，「偽軍在抗戰勝利後的國共爭雄中，並未扮演關鍵性的角色。就軍事觀點言，批評蔣中正或批評奉蔣之令的陳誠裁軍政策，是造成國府失敗的主因，是不正確的。」他最後語重心長的強調，「國共雙方的勝負關鍵，偽軍的角色並不重要。那是團結的共產黨擊敗分裂的國民黨；實施總體戰的共軍擊敗採取單純軍事行動的國軍；軍紀較佳的共軍擊敗軍紀欠佳的國軍；後勤與兵源補給能力卓越的共軍擊敗能力欠佳的國軍。」[4]這個研究報告，不但還原了歷史的真相，也洗刷了陳誠的冤屈。辭修先生地下有知，亦可含笑安息矣！

（原載《僑協雜誌》，92 期，民國 94 年 5 月）

[3] 陳立夫，《成敗之鑑》（正中書局，1993），頁 336。

[4] 劉熙明，《偽軍——強權競逐下的卒子（1937-1949）》（稻香出版社，2002），頁 501、536。

邵玉銘：《司徒雷登與中美關係》

作　　者：邵玉銘（英文原著）
翻 譯 者：馬凱南、湯麗明
出 版 者：九歌出版社
出版時間：2003 年
頁　　數：342 頁
定　　價：新台幣 290 元

一、自由派的傳教士

司徒雷登（John Leighton Stuart, 1876-1962）原是美國南方長老教會（The Southern Presbyterian Church）的一名傳教士，出生於杭州，父親司徒林頓牧師畢業於華盛頓暨傑佛遜學院和普林斯頓神學院，早歲來華在杭州傳教。司徒繼承父業，也於漢普登雪梨學院（Hampden-Spring College）畢業後，偕新婚妻子在 1905 年元旦前夕來到杭州傳教。

司徒在中國最感不自在和厭惡的是，到處髒亂，東西任其破壞失修，天地了無生趣，而成長在這片土地上的子民又多「使壞、不誠實、貪婪，而且缺乏公德心」。不過，他對中國悠久而燦爛的文化卻十分激賞，於當時中國人亟欲摹倣西法而邁向現代化，頗表贊同。然而，他也同樣擔心，中國為了尋求進步，有可能會犧牲掉她那珍貴的文化遺產。如何避免因現代化所帶來的負面衝擊，司徒的建議是，將中國全盤「基督化」，正如美國戰略學家馬漢（Alfred Mahan）的看法一樣，阻止「黃禍」蔓延的最佳途徑，便是將其全盤「基督化」。值得欣慰的是，司徒並未將中國視為一個蠻夷之邦，因此，他認為西方人應將其許多的福澤恩典與東方人分享，他甚至主張東方和西方之間，應本諸他們各自的豐富經驗與優良特質，共同塑造出一種共有共享的人道文化。

二、成功的教育家

司徒對廿世紀的中國最主要的貢獻和最具體的影響，就是他在燕京大學的「百年樹人」工作。燕京大學乃由華北聯合學院、北京匯文書院、華北聯合神學院以及華北聯合女子學院等四校，前後合併而成。燕大在司徒擔任校長期間（1919-1941）成長極為迅速，學生與教職員人數，從 1913 年的 103 名學生和 25 名教師，增長到 1941 年的 1,156 名學生和 137 名教師，學生增加逾十倍，教職員增加幾近六倍。至於學術科系與規模結構方面的進展，更是卓越。

司徒雷登在杭州的故居

1919 年的燕大，充其量只不過是專科學校水準，開設了幾門大學初階的課程，可是 1941 年時，該校已設有學士和碩士班，並且擁有文學院、理工學院、法政學院等三個學院，同時還有一所宗教學院。此外，燕大在 1919 年時，僅以一所教會學校的孤單局面，跟外間學界人士或學術團體鮮少有學術上的聯繫，可是到了 1941 年，她卻與多所美國著名大學，包括哈佛大學（雙方合作成立哈佛燕京學社）、普林斯頓大學、衛斯理大學、密蘇里大學（支持其新聞系）等校，建立了密切關係。

1950 年代初期，司徒曾指出，美國對華的最重要影響是在文化方面。如果他這話屬實，則燕大即若不能算是此一影響力的最佳典範，至少也是其中的佼佼者。燕大確曾為千千萬萬中國青年學子，提供了第一流的現代化教育，除了純學科方面的訓練之外，燕大那種帶有濃郁的宗教氣氛，對社會服務的奉獻，以及如 1935 年 12 月 9 日「一二九運動」[5]中所顯現的愛國情操等等，都值得稱許，而且較諸中國境內的其他各所高等學府，燕大只有過之而無不及。

司徒主持大學校務的傑出表現，曾贏得各界人士的普遍贊揚。胡適曾預言：「司徒博士無疑將成為教士來華辦學史上，永垂不朽的代表人物之一」，著名的傳教史學者萊脫瑞（Kenneth S. Latourette）稱：「司徒為使美國的理想主義發揮極致的一個典範」，並說：「當今世上，美國人中能跟中國人接觸交往這麼長的歲月，而且又對中國人有幫助的，除了司徒雷登之外，真還找不到第二位。」然而，中共卻經常批評美國人在華的宣教活動與文化事業為一種「精神侵略」，並揪出燕大為其罪魁禍首。殊不知，早自 1930 年代末期起，即有不少燕大的學生加入中共的革命行列，1949 年春，更有八十多名燕大的學生追隨中共部隊渡江南下，予國軍以致命的痛擊。曾任中共國務院副總理及外長的黃華，即是燕大出身的學生。

[5] 這是北平學生為反對成立「冀察政務委員會」等訴求，而爆發的一場大規模的抗日愛國示威運動。

三、三面不討好的大使

中日戰爭爆發後，為支持艱苦抗戰中的中華民國，司徒建議美國政府援助中國並對日本施壓，使其停止侵略。珍珠港事件後，美日關係惡化，司徒因此遭日本當局囚禁達 3 年 8 個月之久，直到日本投降後數日才獲釋放。

舊燕京大學校園

1946 年，美國發表司徒為駐華大使，協助馬歇爾將軍調停國共衝突。在 1946 年至 1949 年擔任駐華大使期間，司徒也曾先後扮演自由派及民族主義派擴張主義者的雙重角色。他的聯合政府之議，以及 1949 年的與中共謀和之圖，對當時充滿保守主義色彩的美國政府而言，實在是「太過於自由」，而無法接受。他所提美國應大規模介入中國內戰的進言，則又太過於民族主義，而無法適應美國的全球戰略。此外，他的美式自由主義使他疏離了國民黨，而他的美式民族主義又激怒了中共，結果左右不討好，沒有一方滿意，這是一位傳教士外交官的坎坷道路。

做為一個自由主義者的司徒，他最大的不智在於得罪蔣介石，並介入中國的內政。在此謹舉幾例略加說明：

(一) 在 1947 年至 1948 年間，司徒曾發出近三十份給國務院的電文，電文中有許多不是對國府或對蔣大肆詆毀，就是對中國當時的情勢做極悲觀的陳述，司徒甚至建議蔣下台，美方也曾透過各種管道施壓，認為若蔣在位美援便不來。在蔣引退之後，追隨蔣氏多年的部屬中，亦有人勸蔣出國，司徒本人即頗贊同蔣出國之議。而自蔣宣佈引退之後，司徒即永久成為不受歡迎之人，兩人從此貌合神離，不再見面往來。在司徒回國中風倒地之後長達 16 年以上的病情歲月中，始終沒有得到來自中華民國政府任何型式的慰問，更遑論於其七十五歲誕辰致送花藍祝賀。

(二) 1948 年秋，國內局勢發生重大變化，國共雙方的力量對比呈現逆轉時，以顧維鈞、蔣廷黻等為首的一批外交官，拿「抵抗、團結、革新」做號召，向國民黨高層建言，他們首先想組織一個具留美背景，以胡適、晏陽初、陳光甫、吳國楨、孫立人等為主的自由主義份子的新內閣，在新內閣流產之後，胡適、蔣廷黻等人又擬在國民黨體制內進行改革，想成立一個「中國自由黨」，這兩項計畫和行動，都得到司徒的鼓勵與支持。

(三) 司徒對李宗仁之當選副總統抱有極大的期待，認為他是國民黨內改革勢力的領袖，也是接替蔣最合理也最有希望的人選。據司徒的想法，換個人來領導只會使情況好轉，至少不會變得更壞，因此，他卯足全力，四處奔走，旨在拉蔣下台。自李宗仁接掌大權之後，司徒的住所即成為政壇各類謀士、政客日常聚晤的一個中心。

以上種種作為，做為一個外交官，對於駐在國是十分忌諱的事情。絕交不出惡言，國民黨和蔣至少做到這一點。事實上，對司徒做最直接抨擊的，不是別人，而是毛澤東本人。毛在〈別了，司徒雷登〉一文中，稱司徒為美國「侵略政策徹底失敗的象徵」。對於司徒自中共 1948 年 4 月間進入南京，到他 8 月離華的這段期間的情況，毛則說司徒是「希望開一家新鋪子，撈它一把」，可是沒有人去理他，使得他煢煢孑立，形影相印，到結果只好挾起皮包走路。

毛最後的結語是「司徒雷登走了，白皮書來了，很好！很好！這兩件事都是值得慶祝的。」

四、中美關係的轉折

本書作者邵玉銘博士，嫩江省人，1939 年生，畢業於政治大學外交系，並獲美國芝加哥大學歷史學博士。返國後，任教於政治大學，並曾擔任國際國係研究中心主任，後出任行政院新聞局長、中央日報董事長等職，現為中國文化大學教授。本書係邵氏在芝加哥大學的博士論文，於 1992 年底出版，原名為 *An American Missionary in China: John Leighton Stuart & Chinese-American Relation* 列為哈佛大學東西叢書第 158 號，全書共 381 頁，約 20 萬餘字，中文版則由名家馬凱南、湯麗明翻譯，列為九歌文庫第 957 號。

梁敬錞曾指出，開羅會議是中美關係由盛而衰的分水嶺，而從 1945 年到 1949 年的中美關係，美國對華的政策行動，每年都可用一個字來表現它的特徵，即「壓」（壓迫）、「拖」（拖延）、「棄」（拋棄）、「斷」（斷絕）[6]思之令人傷心。

在阿扁個人一意孤行，為公投而導致台美關係「史無前例」的緊張之後，不禁令人回想起抗戰勝利前後的這一段中美關係，以及司徒雷登其人其事。誠如前陸委會主委蘇起在《危險邊緣》一書中所透露的警訊：「美中關係是一條實線，美台關係是一條虛線，而台灣與中國的關係等於無線」明言之，台灣當前的處境較之當年更為險峻惡劣，當政者豈能不記取歷史教訓，更加戒慎恐懼乎！？

（原載《僑協雜誌》，85 期，民國 93 年 2 月）

[6] 參閱梁敬錞〈抗戰勝利前後的中美關係〉，《傳記文學》，第 31 卷第 2 期。

李潔明：《李潔明回憶錄》

著　　者：李潔明（James R. Lilley）
譯　　者：林添貴
出 版 者：台北時報文化出版公司
出版時間：2003 年 4 月 9 日
頁　　數：371 頁
定　　價：新台幣 350 元

一、情報員出身的大使

三十年來穿梭於華府與兩岸高層之間，與聞無數機密的前美國在台協會台北辦事處處長李潔明（James R. Lilley），1928 年出生於山東青島，父親是美孚石油公司（Standard Oil Company）當時派駐中國的一位行銷代表。由於日軍侵華，中國戰局惡化，美日關係也江河日下，美國政府遂下令所有美國婦孺撤出中國，李潔明於是回到美國就學，後來進入耶魯大學主修俄文。原本打算畢業後擔任外交官或向商界發展，可是韓戰的爆發，改變他一生的計畫，在愛國情殷以及受到業師饒大衛等教授的感召下，李潔明與上百位耶魯同學都投筆從「戎」，加入中央情報局（CIA）工作。一開始派到日本、台灣和香港任職，後來又轉調菲律賓、柬埔寨、寮國和泰國各地工作，最後落腳在中國大陸。1975 年，因為真實身分曝光，提前離開北京，回到華府。有鑒於在局裏已無發展前途，1979 年 1

月從中情局退休，改任席德科石油公司和聯合技術公司的顧問，後因與老布希的交誼有密切關係，轉行外交，先後出任在台協會台北辦事處處長、美國駐南韓大使、美國駐中國大使，由情報員一躍而為駐紮兩岸的外交機構（雖然 AIT 不算正式外交機構）最高負責人，得償昔時夙願。

外間以為布希和李氏的關係始於耶魯大學，其實他們只是先後期同學，在校並不認識，他們首次相逢是 1964 年，布希當國會議員訪問寮國的時候，那時李是 CIA 駐永珍的幹員，但他們真正友誼的開始，是 70 年代布希出任駐北京聯絡處主任和後來擔任 CIA 局長時，李潔明成了布希的親信和中國及亞洲事務的顧問。

二、在台灣、香港蒐集大陸情報

本書前半部可說是李潔明從事情報工作的實錄，讀者最感興趣的是，中情局如何蒐集鐵幕中國的情報？台灣、美國、共產中國與蘇聯情報人員如何相互角力，從事情報作戰？

1952 年 5 月，李潔明從日本調到中情局台灣工作站報到，協助毛人鳳主持的保密局（即戴笠生前主持的軍統局，現在叫國防部情報局）訓練諜報人員潛赴敵後工作。他的第一項任務是組訓一支諜報人員空降東北，李氏與這支隊伍一齊受訓，陪他們由東京轉飛漢城（他自己則留在漢城）。第一次由漢城出發，因為座機錯過空降預定地點而作罷；第二次終於成功，於同年 10 月跳傘進入東北。當時朝鮮半島戰火猶熾，希望這支隊伍能夠提供中朝邊境中方部隊活動的訊息。李氏的耶魯大學同學也是 CIA 的同事唐尼，在一次運送諜報人員任務中失事，遭中共逮捕，致有二十年的牢獄之災，一直到尼克森訪問中國大陸，當面向周恩來承認唐尼確係中情局人員，並為之求情後，唐尼方得被釋放，重獲自由。

由於地理位置使然，香港在 1950 年代，成為中國和台灣情報人員大肆活動的基地，又是雙方政府高層密使必要時可以互通款曲、交換訊息的地方。李潔明在香港站時，和台灣保密局駐香港的單位合作，經常向逃離中國大陸的難民，和意欲前往中國大陸的旅客，探詢見聞資料。他們派出特務登船前往中國港口，偵測解放軍的海軍活動，也在澳門佈建基地。不可避免的，也有上當被「第三勢力」詐騙，提供假情報的紀錄。

文革期間，中情局香港站企圖擴大對中國大陸的情報偵蒐工作，在站長比爾・W 的領導下，中情局得以和大陸逃亡到港、且有情報價值的中國難民取得廣泛接觸，甚至把目標指向駐港的中共外圍組織，諸如中國人民銀行、華潤公司、新華社等單位。當時曾偵出一則有趣情報：毛澤東擔心蘇聯趁機揮兵南下，竟下令在全國的戰略要衝，諸如上海的黃埔江和長江匯流處、西北的飛彈測試場雙城子等地，遍築防空洞，除了佈滿高射炮火器之外，四周有護壕水道環繞，類似中世紀歐洲的防衛工事。

三、廣結善緣在台灣

李潔明從中情局退休後，開啟了事業的第二春。1982 年 1 月，他奉派來台出任美國在台協會台北辦事處處長，他在台北廣結善緣，與台北的官員有良好的互動，所以他信心滿滿的認為，從 1983 年到 1988 年這段期間，是美國對華政策的「黃金年代」，因為雷根總統延攬伍佛維茨（Paul Wolfwitz）為主管東亞事務的助理國務卿，伍佛維茨是個「泛亞派」而不是一面倒的「親中派」。他認為中國的軍事、外交和經濟地位，充其量只是個區域大國，尚不足以成為國際強權，所以主張美國應多倚重日本、南韓以及台灣等傳統盟國，在這個思維下，美國應對中國和台灣維持雙軌交往，亦即一方面推動與中國改善關係，包括與北京發展軍事關係，安排雷根總統訪問中國等等作法，一方面相信如果台灣在安全議題上持續得到美國的堅強支持，它可以和北京好好相處，那麼亞洲局勢就會更安定。李潔明在這個架構下，站在台灣第一線，所努力的便是這種維繫美國對中國、對台灣關係的平衡發展。

參謀總長郝柏村是美台軍售的主要對話人，在李潔明筆下，他把郝柏村當做好朋友，也不時有社交往來。李氏曾說：「應邀和他一道用餐，就是與台灣第一流高手合作的好機會。」李潔明稱道郝柏村極重然諾，「他對台灣非常自豪，對蔣經國總統忠心耿耿。」

在李潔明回憶錄中，自然也提到李登輝，透過兩人近距離的交往，而有精闢的論述。1984 年 3 月，蔣經國提名李登輝為副總統候選人，為了開始培養他接任新職，為了讓李登輝熟悉美國觀點，蔣經國特別安排李潔明夫婦與李登輝夫婦，輕車簡從做了一次環島旅行，先到花蓮，再從中部橫貫公路到台中。經過二天形影不離的相聚，李潔明發現李登輝是一位聰明的政治人物，對百姓民心頗有瞭解，但李潔明也觀察出「李登輝和國民黨領導人殊為不同，公開場合他謹守國民黨的路線，私底下卻是頗有主見的愛國者。他認同台灣百姓，信賴台灣人民，他對中國並沒有特殊敵意，事實上，他對向中國採取開放政策沒有問題，希望和大陸能擴大貿易和旅遊往來。不過，他也懷疑中國有野心佔領台灣，因而表示台灣人民不能接受中國來掌控台灣。」

四、「六四」事件的親眼見證人

1989 年 5 月，李潔明踏上了「火山」，奉派出任駐中國大使，親身經歷「六四」這場真實的群眾運動，為二十世紀劃下了最令人難忘的一幕悲劇。

本書對「六四」那天的大屠殺有第一手的詳實紀錄。美國大使館的領務組長賀士凱（Jim Huskey）和陸軍副武官武爾茲（Larry Wortzel）少校，是蒐集中共殺人罪狀的兩大功臣，人證、物證俱在，歷歷如繪，再怎麼巧辯掩飾，殺人者是永遠無法改寫這部血腥歷史的。

「六四」期間，有「中國的沙卡洛夫」之譽的異議份子方勵之和妻子李淑嫻跑到美國大使館請求政治庇護。方氏夫婦進入美國大使館，活像一部間諜小說的情節。他們先是被勸離，後來華府國務院聞訊，下令趕緊把他們找回來。方氏夫婦重回美國大使館避難，長達一年以上。對於這段經過，李潔明透露了許多不為外人所知的秘辛，包括秘密住處的安排（方勵之戲稱這個臨時寓所為「黑洞」）、如何不洩漏消息、怎樣安排美國牙醫由日本飛來為方氏看牙，以及和中共當局漫長而艱辛的談判在內，好讓方勵之有尊嚴的自由走出去。沒有想到，方勵之人一到了倫敦之後，即批評布希總統在人權上對中國和蘇聯採取雙重標準，使李潔明極為痛心，大有好心沒有好報的重挫感。即使以中國的標準而言，這樣的做法也是有欠厚道的。李氏為此迄今仍耿耿於懷，無法原諒對方，彼此之間從此成為陌路。

（原載《僑協雜誌》，82期，民國92年8月）

楊玉聖：《中國人的美國觀——一個歷史的考察》

書　　名：中國人的美國觀——一個歷史的考察
編　　者：楊玉聖
出 版 者：上海復旦大學出版社
出版時間：1996 年 11 月
頁　　數：372 頁
附　　錄：（1）參考書目
（2）袁明：〈對中國知識分子看美國的若干思考〉
資中筠：〈中國的美國研究〉
楊玉聖：〈中國的美國學史：一個新的研究課題——兼評李本京先生等的新著〉

一、前言

民國 86 年（1997）7 月梢，筆者有幸重遊北京，在北大校門口的「風入松」書局，偶然發現這本新書，稍一翻閱，便深深地被它的精采內容所吸引住，於是很快的買下來。筆者的本行雖非研究中美關係史，但拜讀之後，仍覺眼界大開，獲益良多，當然感觸亦復不少。所以甘冒「撈過界」之譏，願為這本難得一見的好書稍做推介，或許也能收到拋磚引玉的功用。

在中美關係已經解凍，並逐漸改善的大環境下，中國大陸相繼設立了一批專門的研究機構，研究隊伍迅速壯大，素質不斷提高，研究成果大量湧現，[7]這是可以預期的。汪熙主編的《中美關係研究論叢》已出版 15 輯，便是這個背景下的產物，而其中楊玉聖《中國人的美國觀》一書能在美國總統柯林頓即將於本年 6 月底前往中國大陸訪問之前出版，實在具有劃時代的意義。當然，本書並非純為趕時髦而作，應可斷言！

「打開眼界，走向世界」，是大陸自改革開放以後，喊得震天價響的口號，這是值得贊賞鼓勵的好事。因為「今天的世界已不是十九世紀的世界，今天的中國更不是清朝末年的中國」。[8]而如何開眼看世界，走向世界。必須借重前人的經驗和教訓，從個人的屈辱和挫折中吸取經驗，從歷史的長河裡尋找寶貴的教訓，這無疑是鍾叔河主編《走向世界叢書》、[9]汪熙策劃《中美關係研究叢書》[10]的微言大義。西哲培根（Francis Bacon, 1561-1626）說過：「歷史使人聰明」，此之謂也。

---

[7] 陶文釗，〈民國時期中美關係研究述評〉，收入曾景忠編，《中華民國史研究述略》（中國社會科學出版社，1992），頁 411-413。

[8] 鐘叔河總序，鐘叔河主編，《走向世界叢書》（岳麓書社出版，1985），第 1 輯，頁 4。

[9] 第 1 輯共 10 冊，包括林鍼、斌椿、張德彝、王韜、黃遵憲、郭嵩燾、曾紀澤、劉錫鴻、薛福成、康有為、梁啟超等人作品。

[10] 已出版 15 輯，有《中美關係史論叢》（汪熙編）、《貿易保護主義對中美經濟關係的影響——中美紡織品貿易爭端》（王邦憲編著）、《美國特使在中國》（屠傳德著）、《美國對中國的反應》（[美]孔華潤著）、《中美經濟關係：現狀與前景》（汪熙、[美]霍爾登編）、《美國國會與美國外交政策》（汪熙編）、《巨大的轉變——美國與東亞，1936-1949》（[美]入江昭、孔華潤編）、《院外集團與美國東亞政策》（[美]邁克爾・羅素著）、《美國對華直接投資，1980-1991》（張任著）、《一種特殊關係的形成——1914 年的美國與中國》（[美]韓德著）、《中美關係史上的一次曲折——從巴黎和會到華盛頓會議》（項立嶺著）、《中國現代化問題——一個多方位的歷史探索》（汪熙、[美]魏斐德主編）、《中國經濟改革：問題與前景》（汪熙、[美]杜恩主編）、《蔣介石的美國顧問——歐文・拉鐵摩爾回憶錄》（[日]磯野富士子整理，吳心伯譯）、《中國人的美國觀——一個歷史的考察》（楊玉聖著）。

二、內容簡介

有人說，美國是天堂；也有人說，美國是地獄；還有人說，美國既非天堂，亦非地獄。在大多數的中國人眼裡，究竟美國是一個什麼樣的國家呢？其實，答案的關鍵是看對什麼人而言。從十九世紀上半葉起，中國就有人試圖了解和認識美國。在為時超過一個半世紀的漫漫歲月中，已有許許多多的中國人表達了他們各式各樣的美國觀。

本書除導言與結束語外，共分十一章，不但內容豐富有趣，而且標題醒目生動，值得先抄錄如後，再來分章分節略作討論。

第一章　開眼看世界
第二章　跨越太平洋
第三章　從洋務熱到抵約潮
第四章　救亡圖強之鑒
第五章　從巴黎和會到華盛頓會議
第六章　特殊的載體和視角
第七章　面對大危機的震撼
第八章　一面歷史的鏡子
第九章　沉重的一頁
第十章　矯正與扭曲
第十一章　面向大洋彼岸
結束語　美國這個謎

第一章「開眼看世界」，副標題是「中國人美國觀的緣起」，共分四節。第一節「從閉關到開放」，指出鴉片戰爭是中國被迫從閉關到開放的重大轉折點，象徵衰微的中國在滿腔屈辱中揭開了歷史的新頁。這種「開眼看世界」思潮的勃興，同時意味著當時先進中國人的一種理性追求。第二節「首開風氣：林則徐、魏源、徐繼畬看美國」，介紹了三位先驅性人物的美國觀及其貢獻。文中引陳勝粦的話，推崇林則徐是近代中國開眼看世界的第一人，也是開創了解和介紹美國之風氣的第一人。林氏對中國人美國觀的發軔，至少有三方面的貢獻：

(一) 主持翻譯《四洲志》，首次比較具體地介紹了美國的各方面情況，讓國人比較確切而系統的瞭解美國；

(二) 明確區別了「米（美）夷」和「英夷」的問題；

(三) 影響了同時代的魏源、梁廷枏等人對美國的了解和認識。

魏源（1794-1857）同樣是早期中國人開眼看美國的先行者，他的垂世之作——《海國圖志》，以武、智、公、周、富、誼六個字，提綱挈領地介紹美國，把美國如何從殖民地獨立到成為一個富強的新國家的歷程，作了發人深省，成一家之言的生動描述。

徐繼畬（1795-1873）對美國的認識，主要體現於其所著《瀛環志略》一書。徐氏對中國人早期美國觀的貢獻，約略有如下五點：

(一) 第一次把美國的國名，The United States of America，意譯為「米立堅合眾國」，與日後通用的「美利堅合眾國」已相去不遠。

(二) 較早以中國人自己的筆觸，扼要介紹了當時美國各州和領地的情況。

(三) 對這個新國家有自己的獨到見解。

(四) 第一次把華盛頓詳細介紹給國人，華盛頓從此成為中國家喻戶曉的世界偉人之一。

(五) 對美國印第安人第一次做了較具體的描述。

第三節「梁廷枏的美國觀」，作者為何用專節介紹梁廷枏（1796-1861），主要認為梁與魏、徐最大的不同之處，在於他嘗試著獨立編寫美國史，不是匯編，而是剪裁資料，試圖以時間為經，事實為緯，融會貫通，開創了國人自己編寫外國「國別」通史的先例。梁氏曾著《合省國說》，共三卷，敘述哥倫布首航美洲至中美望廈條約簽署之前的主要史事，含其立國始末、民主政體、經濟、社會、文化等概況，尤其對美國民主共和制確立的原因有深入的探討，故在早期中國人的美國觀中佔有相當的地位。

第四節「喬治・華盛頓：美利堅的象徵」，透過徐繼畬《瀛環志略》對華盛頓的介紹和稱頌，而把華盛頓當做美國的象徵。這一節的安排略嫌牽強，似乎可以合併到第二節提到徐繼畬時一齊介紹，而沒有單獨成節的必要。

第二章「跨越太平洋」，副標題是「中國人對美國的早期實地觀察」。百聞不如一見，耳聞不如目睹，從過去依賴他人靜態資料的剪裁匯編，坐井觀天式的認識，隔靴搔癢式的評斷，到「履西域，接西士，肄西文」的親自實地觀察，中國人的美國觀，無疑又向前邁進了一步。

本章僅有兩節，第一節「篳路藍縷」，介紹了兩位中國旅人的遊記。第一位是謝清高（1765-1821），他自 18 歲起隨番舶經商，遍歷海中諸國凡 14 載。後述其平生閱歷及海外見聞，由楊炳南筆記，成《海外番夷錄》一書，可能是中國人關於美利堅合眾國最早的一部遊記。書中記錄了美國的土產，也介紹美國「多尚奇技淫巧以及出入多用火船」。第二位是林鍼（1824-？），他在 1847 年春「受外國花旗聘舌耕」而赴美，遺有《西海紀游草》、《西海紀游詩》等作品，對於美國的建築、電話、水利等設施，印刷、舟車、紡織、鍾鑄等科技有具體的描繪。

第二節「耳聞不如目睹」，主要提到華工與三批留美幼童的觀感。華工是十九世紀 40 年帶末 50 年代初，首先開始大量赴美的中國人，作者藉口遺下資料無多與華工文化水平不高，故籠統用「他們對於美國的印象不錯」一句話輕輕帶過。這顯然是一種不用心的做法，詳細討論留待第四部分再說。至於對留美幼童的處理，作者僅引用勒法格（Thomas La Fargue）的《中國幼童留美史》（*China's First Hundred*）與高宗魯的《中國留美幼童書信集》兩書，對於他們在美國受教育的遭遇、文化調適等問題，似乎語焉不詳。事實上，幼童對美國的體育運動，如棒球卻是興趣盎然，對溜冰、划船、社交舞蹈等都十分感興趣。他們「美國化」的程度，也使美國人驚訝不已。[11]

第三章「從洋務熱到抵約潮」，副標題是「晚清朝野美國觀的一個側面」。亦分兩節，第一節「洋務派對美國的認識」，書中列舉了薛福成、張之洞、李鴻章、鄭觀應、王韜、曾國藩、盛宣懷、奕訢等人對美國「國大民富」，政府體制的良善的深刻印象，進而發展成一種論調，即「美國人性質醇厚，其於中國素稱恭順」、「美國距華遙遠，美人在華無攫取利權的野心」，故贊成借美款修鐵路，甚至主張聯美外交。

第二節「1905 年抵約運動與美國觀」。論清季中國與列強的關係，以中美比較和平友好，然而卻在 1905 年爆發了第一次全國性的抵制美國工約運動。原來華人陸續移民美國後，卻不斷發生受到歧視與輕蔑、排斥，甚至屠殺等事件；美國國會並於 1882 年通過「限制華工法案」（The Chinese Restriction Act）。在這大前提下，中國人對美國「文明、自由」的影像，有了極大的改觀。文中舉出陳蘭彬、崔國因、黃遵憲、鄭觀應等四人的觀感與憤懣，為這一場轟轟烈烈的抵制美貨運動留下了歷史證言。

第四章「救亡圖強之鑒——清末民初中國人美國觀的深化」。從戊戌到辛亥，伴隨著改革與革命交織的歷程，中國人對美國的認

---

[11] 梁伯華，〈中外學者對「幼童留美」研究的成果〉，收入陳三井主編，《六十年來的中國近代史研究》（中央研究院近代史研究所特刊（1），1989），下冊，頁 726。

識與理解均進入了一個新境界，從美國變成中國志士仁人救亡圖強的借鏡，是各黨各派共同的抉擇。第一節「從戊戌到辛亥」，指出在維新人士如樊錐、易鼎、何啟、胡禮垣等人的筆下，美國之所以「強兵富國、縱橫四海」，就在於其議院之法，「合君民為一體，通上下為一心」，美國「政治之美，制度之良」，就在於它實行民主共和制。革命宣傳家鄒容所設計的「中華共和國」藍圖，即係模擬美利堅合眾國而成，並主張「立憲法，悉照美國憲法；自治之法律，悉照美國自治法律；凡關全體個人之事，及交涉之事，及設官分職，國家上之事，悉准美國辦理。」

關於對美外交，亦有「聯美論」與「非聯美論」兩種相異看法。前者以伍廷芳為代表，他認為，美國自與中國通商以來，「向素最為恭順」、「守約惟謹」、「與我交誼素篤」，從未與他國合謀於我，所以「若能與之交驩，彼必樂為盡力，無事則聯絡邦交，深相結納；有事則主持公論，有所折衷」。另一派則持相反意見，而以章太炎為代表。他認為，美國「陽與中國交歡」，實則「陰謀黠獸」。中美同盟有害，「交歡美人無益」。

第二節「康、梁師徒說美國」。在戊戌變法之前，康有為對美國的政治體制是持肯定態度的，但辛亥革命之後，他對美國政治多有詬病，尤其是反對把美國的共和制、總統制、聯邦制搬到中國來。康有為雖然很贊賞美國廣築鐵路，大興教育之舉，也深嘆「美國最富」、「美之富冠絕五洲」，但並不贊成「以美為師」，對美不能「不擇而盡師之」。

相同的，梁啟超也認為，「中國不能學美國共和制」，也不能搞聯邦制。其理由是中國人的國民性有族民資格，而無市民資格；有村落思想，而無國家思想；只能受專制，不能享自由。所以如果說，孫中山是倡導中國「以美為師」，行共和革命的集大成者的話，那麼康、梁便是力主中國不能師法美式政制的主要代言人。

第三節「孫中山的美國觀」。孫中山的一生，影響近代中國史至深且遠。他對美國的認識，在條件上是康、梁所難與比擬的，他對美國的瞭解與理解，在當時恐怕無人能出其右。孫中山以大半生的光陰從西方先進國家（主要是美國）尋求救國真理，探索中國富強之路，其政治理想、建設宏圖無不以美為鑒。在孫中山看來，作為「世界最文明、最富強之國」的美國，正式災難深重的中國應該師法的絕好榜樣。要救中國，就應選擇世界上最先進的共和政體，特別是美國式共和政體。尤其是孫中山的三民主義、五權憲法更是直接從美國的經歷中獲取了精神營養，他的民族主義、民權主義、民生主義與林肯總統所說的民有、民治、民享三層意思，是完全相通的，他又以美國式的三權分立為基礎，考察實際運作中尚存在的弊端，獨創了五權憲法。

第五章「從巴黎和會到華盛頓會議」，副標題是「中國人對美國外交的反應」。1918 年底，當歐戰結束的消息傳來，全國上下欣喜若狂，知識分子尤為興奮，北京學校自 11 月 14 日起放假三日，舉行慶祝協約國勝利大會，提燈遊行，滿街旌旗，鼓樂喧鬧，歡呼入雲，人人高歌「雲消霧散，重見青天」，拆除為德國公使克林德（Freiherr von Ketteler）所立的「昭雪碑」，改建為「公理戰勝碑」。北大校長蔡元培及教授舉行演說大會，臚舉慶祝的四大意義：（1）為黑暗的強權消滅，光明的互助論發展；（2）為陰謀派消滅，正義派發展；（3）為武斷主義消滅，平民主義發展；（4）為種族的偏見消滅，大同主義發展。[12]

本章第一節以「希望與失望」為題，首先說明中國知識分子從美國總統威爾遜身上找到了既朦朧又真切的希望。例如正在美國留學的胡適早已視威爾遜為「大政治家」、「大理想家」，認為他的外

---

[12] 郭廷以，《近代中國史綱》（香港中文大學出版社，1979），頁 517。

交政策在世界外交上開一新紀元。孫中山則致電威爾遜，請其主持正義，拯救中國。梁啟超把威爾遜倡建的國聯說成「是實現將來理想之世界大同的最良之手段」。陳獨秀甚至奉威爾遜為當時世界上的「第一個好人」。

從威爾遜的「十四點」原則到巴黎和會，為中國帶來了無限的期望，咸認為這是中國除去一切不平等條約束縛，進入自由平等地位之良機。當時中國對巴黎和會之具體目標有四：(1) 收回戰前德人在山東省內之一切利益，該項利益不得由日本繼承；(2) 取消民四條約之全部或一部；(3) 取消外人在中國享有之一切特殊利益，例如領事裁判權、外人在華勢力範圍等；(4) 結束德、奧等戰敗國家在華之政治與經濟利益。[13]

豈料由於日本的作梗，英法的挾制，美國並未能完全發揮正義的力量，巴黎和會的結果卻是令中國人大失所望，因為「人為刀俎，我為魚肉」，中國成為戰勝國的犧牲品，日本依據凡爾賽和約繼承了德國在山東的權益。消息傳來，真是舉國同感悲憤，從希望到失望，情何以堪。陳獨秀從此不再相信公理與永久和平，並送給威爾遜一個「威大砲」的混名，李大釗也為威爾遜感到慚愧和悲傷，因為他的主張計畫到最後全是大砲空聲，全是曇花幻夢了。總之，巴黎和會給中國人帶來了巨大的創痛，打破了中國知識分子溫良的救國夢，對強權政治有了更深切的認識。

第二節「夢幻與覺醒」，討論的是中國人對華盛頓會議的觀感。有了巴黎和會的教訓，中國人對華會自然有比較務實的看法。但於美國何以首倡華盛頓會議的原因，看法並不一致，可以說褒貶互見。北京大學教授陳啟修不贊成美國欲以此壓制日本在太平洋尤其在中國的侵略勢力之說，他認為「美國的目的，在擴張自己底勢力，

[13] 張忠紱，《中華民國外交史》(一)(正中書局，1957，台二版)，頁257。

不在壓制日本底勢力」。鄭洪年等指出，華盛頓會議是資本主義勝極而衰的表現，無非是資本主義日漸不容於西土而東遷，「欲以我國為資本主義之避難所」，以延其生命。孫中山則認為，這是友邦美國良心上過不去，為我國鳴不平的一種作法。作者同樣不忘記引蔡和森的一句名言：「美國是中國最好的朋友，換過來說，就是最會使掩眼法，最會用宣傳術以宰割中國的好朋友」。作者最後表明，中國政論界對美國的認識由此已從表面而進入深層次。在華盛頓會議之後，人們對美國以「改制中國人的心肺」、「威臨中國人之心」為目的的文化滲透進行抨擊和揭露，美國被形容為「無恥的帝國主義者」、「狼子野心」、「口蜜腹劍」和「假惺惺的」！對從失望到覺醒的中國人而言，美國雖然處處標榜正義、人道、博愛，但這都是假面具。在國人的心目中，「西方美人，本來就是西方夜叉」。

第六章「特殊的載體和視角」，副標題是「中國留美學生及其美國文化觀」。本章所要展現的是留美學生對美國文化的介紹和傳播，主要涉及到一件事——「邊際人」與德、賽先生和一個人——胡適的美國觀。第一節介紹這些融新舊、中西文化背景於一身、具有過渡性雙重人格的「邊際人」（marginal man）對賽先生與德先生的認識。中國之有嚴格意義上的近代科學，自留美學生始。這些遠涉重洋、負笈新大陸的中國學子，以主修自然科學居多。他們在已經工業化與科學化的美國耳濡目染、苦思冥索的結果，認識到近代歐美「聲明文物之盛，震鑠前古……受科學之賜為多」。反觀祖國，所缺乏者，莫過於科學。故為了有所貢獻於國人，遂有 1914 年中國科學社之發起及 1915 年 1 月《科學》之創刊。自此科學的聲浪響徹雲霄，幾乎成為舉國一致崇信的名詞。除了賽先生外，中國知識分子同樣意識到中國所缺乏的是民主，所以一齊把德先生請來。

第二節專談胡適的美國觀，作者主要認為在這個時期的留學生中，胡適的名氣最大、最具代表性。從胡適的日記和回憶錄來看，他對美國的民主政治是「神往之至」的。對於美國人「獨立思想之高，不輕易為位高爵尊者所聳動」，胡適是相當贊賞的。對於美國的政黨制度，他也是肯定的，並希望中國亦能引美為鑑。從美國革命的歷史談到中國將來的希望，胡氏所追求的是一個開明強硬的在野黨做現政府的監督，「要使今日的穩健不致變成明日的頑固」。這很可能是留美學生中較早主張中國仿美而採行兩黨制者。

第七章「面對大危機的震撼」，副標題是「中國知識界對美國的思考」。共分三節，組織結構相當不平衡。第一節「黃金國的悲喜劇」，主要介紹從歐戰後美國取大英帝國的地位而代之，成為世界最富庶的國家，至 1929 年經濟大蕭條的轉折，全文不到三頁。第二節「新政」（New Deal）的東方效應，多達廿七頁。文中引經據典，對羅斯福「新政」的內容有詳實的分析評論，作者並就中國知識界對「新政」的性質，做了六種觀點的歸納：

第一種觀點認為，新政既非社會主義，又非資本主義，其實質仍是挽救資本主義，以馬星野等為代表。

第二種觀點認為，新政是「經濟的法西斯化」或帶有法西斯主義的色彩。章乃器等主此說。

第三種觀點認為，新政不同於共產主義，亦有異於法西斯主義，是「富於民主精神之經濟改革政策」。劉安常等持此觀點。

第四種觀點認為，新政是中產階級協調論的實踐。張金鑑首創此說。

第五種觀點認為，新政是介於社會主義與法西斯主義之間的統制經濟。

第六種觀點認為，新政有社會主義色彩。可以蔣恭晟為代表。

新政在實行之初，雖受到多方面的抨擊，甚或稱羅斯福是法西斯獨裁或共產黨，但實際上，新政救了美國，它成功地「把美國人在精神上與物質上重建起來」。因此，中國知識分子對羅斯福個人有很高的評價。例如金兆梓視羅斯福為「人類的救星」，是「全世界古往今來最成功的一位偉大的政治家」。社會學家費孝通從廿世紀人類的危機與出路這一角度透視了羅斯福及其新政，他認為羅斯福是站在美國和全世界新舊交替的轉捩點上的偉人，他不但在美國是代表著一個新的社會秩序，甚至在全人類的歷史中也代表著一個新世紀的誕生。

第三節「美國・白銀・中國」。新政府對中國影響最大者，殆莫國於白銀政策。因為在美國提高銀價的壓迫之下，中國金融、產業、國際貿易蒙受不良影響，最可怕的是已瀕臨破產之農業既無復興之望，日漸衰落之工業更有崩潰之虞！「銀潮」引發了中國的輿論潮，反映了 3、40 年代中國人美國觀的一個側面。

第八章「一面歷史的鏡子」，副標題是「中國抗戰時期政論界對美國的評議」。抗戰是近代中國史上耗時最久、戰區綿延最廣、犧牲最為慘重、最為悲壯的一場生死搏鬥，所以這一章顯得特別重要。第一節「抗戰救亡與中國人的美國觀」共佔二十七頁篇幅。日本軍國主義者挑起侵華戰爭，始於九一八，並迅速侵佔了東北。作者分三個時期敘述美國的對華態度以及中國人的美國觀。

(一) 從九一八到七七——面對日本繼續擴大對中國的野蠻侵略，美國一開始打出「不承認主義」，這是一種口惠而實不至的道義支持，頗令中國政論人士失望和抱怨，企望美國仗義直言或拔刀相助，那是一種一廂情願的夢話。當盧溝橋事變起，英美勸日本勿擴大華北糾紛，美國並向各國表示對於國際局勢的態度，主不使用武力，不干涉內政，遵守條約，對於可行的和平途徑，願共同努力。不過，當時美國孤立主義勢盛，不欲受到拖累，不願捲入國際爭端。[14]

(二) 從七七到珍珠港事變——在抗戰初期的艱難環境中，美國在戰略上可能為了防止日本和牽制日本南進，故一方面以貸款援華，一方面卻又趁機與日本進行血腥的軍用品交易，頗令中國人傷感！據郭榮趙的研究，至 1941 年，中國在租借法案下所得到的物資，僅佔美國援助外國總額的 1.7%，實在微乎其微。何況，美國的貸款「都是經過痛苦的磋商，加上苛刻的條件之下貸成的」。因此，郭氏得出的結論是：「美國不關心中國」；「從開始就不以平等對待中國」；它「根本不關心中國的存亡」。[15]

(三) 從太平洋戰爭爆發到抗戰勝利——中美成為同盟國家，這是抗戰時期中國朝野幾乎一致稱譽美國的特殊時期。珍珠港事變之後，對中國而言，這象徵著孤軍苦戰的時期已經結束。而中美合作，並肩對日作戰的新頁，即將展開。中國此時所期望於美國的，原是從冷漠趨於關切，從卑視趨向重視；此外，就是精神上的鼓勵和物質上的支援。不料，中美蜜月關係為期甚短。據郭榮趙的研究，中美戰時合作，對中國而言，不啻是一連串悲劇的開始，而雅爾達密約更是這一悲劇的紀念碑。[16]

第二節「從延安看美國」，主要考察抗戰時期中共黨人的美國觀。總的來說，中共對美國的看法經歷了相當大的變化和發展過程。1935 年以前，中共認為，美國做為帝國主義國家，和日本是

---

[14] 郭廷以，前引書，頁 690。
[15] 郭榮趙，《從珍珠港到雅爾達——中美戰時合作之悲劇》（中國研究中心出版社，1979），頁 57。
[16] 同前註，頁 565。

一丘之貉，同樣是壓迫、掠奪中國的強盜。它與日本有矛盾，但並不願意幫助中國，而是趁火打劫。從 1936 年開始，中共對美國的認識有了新變化，進一步看到美日矛盾的不可兩立性，把美國看做世界主要民主國家之一，提出美國應援助中國，但也擔心它搞「遠東慕尼黑」。至 1941 年 6、7 月間，隨著德、蘇戰爭後世界局勢的急劇轉變，中共中央明確承認美國是民主國家，故取積極、靈活的對美態度。1943-44 年，是中國共產黨人對美國評價最高的年份。中共中央的機關報——《解放日報》曾讚揚美國是「資本主義世界最典型的民主國」，而且是與蘇聯並稱為「民主世界的雙璧」之一。1945 年抗戰勝利前後，隨著美國越來越多地干預中國內部事務，中共對美國的認識又開始發生大轉變。

第三節「美國與美國人：旅美考察者如是說」。在抗戰期間，中國人如何看待美國的另一扇窗，就是旅美考察者所寫下的對美觀感。這些作品亦是反映中國人美國觀的重要素材。作者在文中列舉張其昀、江康黎、費孝通、蕭乾、鄒韜奮、馬星野、楊鐘健、楊慶堃等人的看法，所建構的美國是一個富足、說幹就幹、熱心公益、講究公德、重視科學的社會，另一方面也是個族群不平等、貧富懸殊、社會問題重重的國家。

第九章「沉重的一頁」，副標題是「四十年代中後期美國形象在中國」。這裡所要鋪陳的是從 1945 年 9 月抗戰勝利到 1949 年中華人民共和國成立，短短四年間中美關係的一些變化。分兩節，第一節「友邦」？加上引號和問號，代表作者的立場，對美國這個「友邦」的嚴正質疑。這一段國共內戰，從赫爾利（Patrick J. Hurley）到馬歇爾（George C. Marshall）的調處，美國可以說真是兩面不討好。在中共認為，赫爾利偏向國民黨，只同蔣介石合作不與中共合作的聲明，是錯誤的、危險的、將帶給政府與人民以「千鈞重負與無窮禍害」，所以難掩憤懣與譴責。就國民政府方面言，據關中的研究指出，「赫爾利大使雖熱誠感人，但顯然對中國的情況，甚至整個遠東的情況並不充分了解，如對中共必然會與國民政府妥協的錯誤認識及誤信史大林對中國局勢的保證」[17]。黃大受則責備赫爾利「與共產黨相處，既無經驗，又無戒心。」[18]

關於馬歇爾的調處，作者並未繼續對中共方面的態度有所交待。至國民黨方面的相關研究則俯拾即是，而且顯然負面評價多於正面評價。例如黃大受檢討馬歇爾調處失敗，有基本原因和直接原因兩部分。基本原因可以分為以下七點：（1）美英素來重歐輕亞；（2）雅爾達會議之惡果；（3）美國對中國政情缺乏正確的認識；（4）遷就蘇俄的決策；（5）美國左傾分子的影響；（6）蘇俄的破壞中美關係；（7）聯合政府政策的不當。直接原因有關人選不當的部分有六：（1）馬歇爾的自視過高；（2）任命及受命的輕率；（3）缺乏調處的才能和有關的知識；（4）缺乏誠意與公正精神；（5）剛愎自用，不聽忠告；（6）對中國的輕視。[19]梁敬錞指出從1945年至1949年抗戰勝利前後的中美關係，每年都可用一個字來表現它的特徵：

1945年至1946年的特徵，是「壓」（壓迫）；

1947年的特徵，是「拖」（拖延）；

1948年的特徵，是「棄」（拋棄）；

1949年的特徵，是「斷」（斷絕）。[20]

此為梁氏多年心血研究的結晶。國民黨大陸政權之淪失，因素甚多，中美關係不過其中的一個環節。文中根據美國第一手資料，

---

17 關中，〈抗戰期間國共和談的再認識〉，《中國現代史專題研究報告》（五）（中華民國史料研究中心編印，1976），頁327-328。

18 黃大受，〈重慶會談〉，《中華民國建國史》，第五篇「戡亂與復國（一）」（教育部主編，1991），頁143。

19 黃大受，〈馬歇爾調處之經過〉，同前書，頁299-303。

20 梁敬錞，〈抗戰勝利前後的中美關係〉，《傳記文學》，第31卷2期（1977.08），頁37。

對馬歇爾之愚昧無知、受人利用、剛愎跋扈、自以為是的調處過程，有極為精闢的分析，允可供作者相互闡發之參考。

第二節「抹不去的傷痕」。自中共方面看，從 1946 年至 1949 年短短幾年中，美國為何從中國的「友邦」變成了「美帝」，從「英雄」變成了「流氓」，從被「請」進來到被「踢」出去，美國在中國人心目中的地位何以一落千丈？據作者認為，這是由於美國特使的袒蔣抑共、駐華美軍的恣意妄為（如沈崇事件）、火上加油的援蔣內戰政策、對中國利權的廣泛攫奪、扶日復興的對日政策等，凡此種種都使中國人民傷透了心。歷史在這裡刻下了一道深深的傷痕。

第三節「替美國算命」。中美關係惡化之後，隨之產生一些情緒性的反應。中共新政權建立後的中國，怎樣看待美國？美國以「天下第一」自居，驕氣迫人，到處插足，到處伸手，裡裡外外，惹事生非。這只能越來越討人嫌，很難指望人們對這樣一個橫衝直撞的「闊少」會有好的印象。這是作者所要強調，並留給我們的時代證明。

第四節「毛澤東的美國觀」。毛澤東是中國共產黨的靈魂，其美國觀自然有其非比尋常的特殊意義。他的一些看法和認識無形中成為 1949 年後二十多年間中國人的美國觀的根本指南。其影響之大，無論作何估計，恐怕都不是過分的。這一時期毛澤東對美國的看法，以抨擊美國對華侵略政策及其虛弱本質為主。在毛澤東眼中，美國帝國主義是外強中乾的，不過是個紙老虎，並不可怕。

第十章「矯正與扭曲」，副標題是「中國人美國觀的硬化」，共分六節，是全書分節最多的一章。第一節「不相往來的一代人之間」，從 1949 年至 1972 年，中美兩國不但不相往來，而且幾乎始終處於相互敵視和對抗的非正常狀態中，且一度在朝鮮兵戎相見，在越南間接遭遇，在台灣海峽武裝對峙。

南北韓戰爭對中國人美國觀的影響，至少強烈地表現在四個方面：

(一) 美國的大規模武裝干預以及封鎖台灣海峽，使中國政府和人民進一步看到了美國侵略的現實威脅性，美國已肯定無疑地成為頭號公敵。

(二) 「抗美援朝」運動的大規模開展，等於在全中國上上下下中進行了一次思想教育運動，其中心內容就是「蔑視美帝！鄙視美帝！仇視美帝！」這是針對當時相當一部分人仍存在的崇美、恐美心理而進行的。

(三) 「抗美援朝」戰爭進一步強化了中國人的仇美情緒。

(四) 剛剛成立的新中國敢於和號稱「世界第一」的美國在朝鮮真刀真槍地進行較量、見高低，大大增長了中國人民的志氣。「美帝是個紙老虎」的觀念，愈益深入人心。

第二節「美帝：最凶惡的帝國主義」。在這段時期，中國人對美國的認識，仍然完全隨著毛澤東的指示，百花齊放，照著政治的風向球群鶯飛舞，光喊口號，用盡最拙劣的形容詞，而沒有實質的意義。所以在一面倒批美的聲浪中，美國是「和平、民主、文化」的敵人，更是「全世界最凶惡的敵人」，當然也是「中國人民最凶惡的敵人」。美帝是「最頑固、最不要臉、最堅持侵略的強盜」，是殖民主義的頭子和保鑣，是一切反動派的首腦，是一切被壓迫民族的共同敵人，是「集帝國主義的一切罪惡之大成的帝國主義頭子」。美帝主義是「人類有史以來最貪婪、最殘暴、最狂妄的侵略者，它也是沒落中的帝國主義陣營的中心支柱、最後堡壘」。這種狠批惡鬥，非理性、不客觀的美國觀，可視為一種特別時代的產物，無疑也是一種專制封閉社會的產物。

第三節「中國人民的死敵」。在整個社會被有意識的動員起來全力對付美國人的大環境中，「認識美帝國主義、仇恨美帝國主義、反對美帝國主義」，成為那個時代最迫切的政治性服務。在史學為政治服務的前提下，史學家以研究「怎樣從歷史上認識美帝侵華」做為配合，說出「為著祖國，就必自恨美帝開始；如不恨美帝，就是思想有問題，神經有問題！」的話。而國際問題專家也煞有介事地指出，美帝國主義「不僅是一隻最嗜血的大惡狼，而且是一隻披著羊皮的大惡狼，對於它，人們特別要提高警惕」，「不把美帝國主義澈底埋葬，我們的鬥爭決不罷休。」真是慷慨激昂，偉哉斯言！

第四節「民主乎？自由乎？」狠話說過，下一步便是集中在如何將美國假民主、缺乏自由的面貌，赤裸裸地揭開，然後戳穿它、撕碎它。北京有一批法學家集會，聲援對美國的鬥爭，當時大家共同的認識是，「標榜自由世界最民主國家的美國，實際上是一個連基本人權都得不到保障的最不民主、最不自由的國家」。一小撮億萬富翁實行殘酷的統治，廣大勞動人民處於奴隸地位，這就是號稱「民主、自由、全民福利國家」的美國的真相。

第五節「紙老虎：一天天爛下去」。從政治上的假民主無自由，到經濟危機、社會問題，更可證明「紙老虎」的沒落。七十年代初期的美元危機，被當成是「金元帝國腐朽沒落，外強中乾的紙老虎的本質」，美國的社會盜匪橫行、黑道猖獗，美國的科學發展正在走下坡路，美國的軍事外強中乾，美國的文化表現出資本主義末日的一切腐敗現象，凡此都是美帝每況愈下，一天天爛下去，而且越爛越深的證明。

第六節「趕超美國畫外音」。在全社會幾乎一面倒對美國罵倒罵臭的同時，出現一股空谷足音，正面承認美國的某些長處，希望「趕超」美國。於是中共領導人從周恩來、鄧小平到劉少奇，發起要「學習世界上一切先進國（包括美國）的經驗」，毛澤東提出，「趕上」、「趕超」美國的歷史任務。1958 年的「大躍進」，全民大煉鋼鐵，便是此一聲浪的回應，無奈結果適得其反。

作者在這最重要的一章，有痛定思痛的反省。他語重心長地說出，「多少年來，對美國只能說醜，不能說美。在『左』傾當道的年月，誰把美國說得越醜越行時；反之，則要倒霉。其實這是一種閉關自守，失去信心的表現。」誠哉斯言，「左」傾誤中國二十多年，不但延遲了中國人開眼看世界的機會，更阻礙了國家的建設和社會的進步！

第十一章「面向大洋彼岸」，副標題為「美國熱的省思」。中國人對美國看法的改變，開始於七十年代初。不過，真正的相對澈底的轉變則是七十年代末以後的事。與五、六十年代相比，那種八股式、情緒性的文字基本上消失了，理性的審視與探索精神奠定了中國對美國重新認識的新基礎。

本章共分五節，第一節為「乒乓球轉動了地球之後」。轟動一時的「乒乓外交」啟動了中美關係迅速轉變的巨輪，兩國最終實現正常化，為這一重新認識提供了理想的國際環境。第二節「重新發現新大陸」。1979 年初，鄧小平第一個率領中共政府代表團正式訪問美國，從此打開了美國的一扇窗，外交官、新聞傳播工作者、學者等各式各樣的人物相繼走出了國內，把對新大陸的觀察和感受，包括那「富饒的土地、美麗的風景、進步的科技、發達的工業、豐產的農業以及快節奏的生活方式，還有美國人的樂觀、開朗、坦率、熱情、講求實際、富於進取精神等」，透過平面與立體兩種媒體，一一展現在中國人的面前。

第三節「天堂？地獄？」經過一番再接觸之後，中國人終於發現，美國是一個「充滿矛盾的國家」，它既不是「伊甸園」，不是天堂，也不是陰森森的地獄，而是一個複雜的世界。一方面它是西方政治民主與自由的樣板，一方面也飽受暴力、犯罪、吸毒、色情、精神危機的困擾。

第四節「理性的審視」。要真正瞭解美國，需要透過理性的審視；要深入瞭解美國，更需要借重客觀的學術研究，而非一如過去那種直覺式、浮光掠影的觀察，或僅停留在感官上的好惡階段。作者在這一節中列舉了許多學者們對美國歷史、美國政府與美國政治、美國社會以及中美關係等各方面有價值而紮實的論著成果，使得中國人對美國的再認識，有了更深厚的學術基礎！

第五節「如實地探索美國」。改革開放以後，大陸學者已逐漸擺脫過去那種戴有色眼鏡，用一隻眼看美國的積習，更懂得不再用馬克思主義經典作家的個別論斷對美國的活剝硬套。這是一種時代的進步，也是一種質的提升。當然，要如實探索美國的理想境界，並非輕而易舉之事，作者舉出兩個基本條件：其一，堅持和貫徹「雙百」（百家爭鳴、百花齊放）的學術方針，堅持和發展實事求是的科學思想方法；其二，在倡導嚴謹學風的同時，應大力支持相互尊重的自由討論，並真正杜絕多年來相沿成習的「抓辮子」、「扣帽子」、「打棍子」的醜惡行徑。

總共十一章的內容簡介，已佔用極大的篇幅。作者最後用的結束語，試圖解開美國這個謎。他畫龍點睛指出，「從鴉片戰爭迄今的一個半世紀以來，中國人對美國的了解、介紹和研究，已經經歷了曲曲折折的慘澹行程。與此同時，中國人的美國觀也留下反反復復的歷史軌跡。『花旗國』的形象並不是也不可能是一成不變的。一直到二十世紀九十年代的今天，大約也很難說美國在中國人心目中的形象已經『定格』。或者說，對我們中國人而言，在更大得多的程度上，美國仍然是個未解之謎」。是的，美國和其他國家一樣永遠在變，但只要我們觀察審視的方法隨時代而進步，態度客觀務實，不故步自封，不坐井觀天，對美國將會有一個如實的看法和認識！

三、本書的特色

綜觀本書，它有許多值得稱道的特色，茲分述如下：

(一) 自大陸改革開放以來，在「開眼看世界」、「走向世界」的大前提下，這是迄今為止所寫的第一本比較有系統的認識外在世界的著作。

(二) 以時間為經，以歷史事件為緯，這也是第一本對美國從認識到觀察，最言之有物的先驅性好書。論斷一個國家或民族，不能單憑直覺的觀察或主觀的好惡，它必須奠基在紮實的資料上，所以這是一件吃力不見得討好的工作，更是一見硬工夫的工作。對於作者的博覽群書以及所表現出來的魄力和勇氣，應給予肯定和鼓勵。

(三) 作者的硬工夫表現在附錄所列的三百三十三種主要參考書目，沒有這些淵博的書目知識，缺少這份紮實的前人業績，相信作者即使是研究中美關係的專家，也是不敢輕易下筆的。

(四) 本書主題明確，宏觀與微觀均具，學術與通俗性兼備，文筆流暢，析理能力強，可讀性高。尤其在字裡行間將中國人從百年前的屈辱到當前揚眉吐氣的愛國情感，隨時表露無疑，從此一觀點看，這應也是一本絕佳的愛國主義教材。

此外，書中偶而也有含蓄性的自我省思工夫，表現出歷史家理性、客觀、尊重歷史、捍衛歷史的真實，維護歷史的尊嚴，不為過去歷史所造成的各式各樣偏見和誤解所矇蔽，終能超越歷史的史家本色。

四、值得商榷之處

本書開宗明義，主題是中國人的美國觀，但作者一開始顯然並未企圖給中國人作一個文化上比較廣泛的定義。觀其內容所述，不自覺的仍有政治性和國籍上的考慮，完全以在大陸的中國人為限（尤其 1949 年以後國共分治更為明顯），這或許有它方法上或資料上的考慮，但如此不僅把境外的中國人或華人（包括在歐美、港澳、台灣的中國人）排除在外，而且將自己的研究侷限在政治命題上，而不是一種客觀性的學術研究，以致在格局上顯得不夠恢弘，在敘述上也失去了兩岸四地相互比較關照的好處了。明白言之，在台灣至少有三分之一以上認同中國，仍自稱中國人的這一部分人，他們半世紀以來的活動和言論，對美國的愛恨情仇，在書中卻完全呈現空白！

本書的敘述，大抵以時間為經（起自鴉片戰爭前的林則徐，止於 1990 年代），以事件為緯（將洋務運動、戊戌政變、巴黎和會、華盛頓會議、美國新政、抗戰、國共和談、中美建交等主題交互穿插在內），有系統的回顧了中國人百餘年來的美國觀，從朦朧到清晰，從膚淺到深化，大致隨著中美關係的起起伏伏而變化，而較少針對美國這個國家，從立國精神到民族性，從社會經濟到教育文化，從政黨政治的運作到新聞事業的發達，從美國人的生活方式到對美國文明的評價等方面，做較正面深層結構的剖析，予人有美中不足之感！

本書對華工一筆帶過，可能是最大的致命傷，美國的排華與抵制華工，罄竹難書！1885 年懷俄明州石泉鎮（Rockspring）的大屠殺案，震驚全國，也為中美外交關係蒙上一層陰影。華工離鄉背景，遠涉重洋，在美國憑藉勞力苦力含悲忍淚以謀生的奮鬥史，李長傅、[21]劉伯驥、[22]吳尚鷹、[23]李本京、[24]梁靜源、[25]黃和英[26]等人都有翔實的紀錄，相信作者並不陌生！但似乎有必要給予較多的篇幅，而不應一筆帶過，好似要為慣於「欺善怕惡」的美國人脫罪！

本書的徵引書目固然多達三百多種，但明顯可以看出兩種缺憾：其一，著作未稍做分類，作者既未依姓氏筆劃排列，同一作者亦未按順序排列，查閱甚感不便；其二，對大陸出版成果掌握較多而完整，而於港台四、五十年來的著作，除中央研究院近代史研究所、國史館、中國國民黨黨史委員會的出版品及李定一、孫廣德、郭榮趙、汪榮祖、張存武等少數人的著作外，遺漏不少，涵蓋面不夠寬廣。就個人粗略所知，研究中美外交或美國華僑史的專家及著作，尚有張忠紱的《中華民國外交史》(一)，梁敬錞的《九一八事變史述》、《開羅會議》、《史迪威事件》、《日本侵略華北史述》，李抱宏的《中美外交關係》，郭榮趙的《中美戰時合作之悲劇》與《美國、雅爾達密約與中國》，程天放的《美國論》，劉達人(Liu Ta Jen)：*A History of Sino-American Official Relation: 1840-1900*，沈已堯的《海外排華百年史》(香港萬有圖書公司，1972)等以及前面所提的幾本有關華工的著作，或可供作者之參考。

留學生的故事，是取之不盡，用之不竭的好題材。作者除了對早期幼童留美的一段略有描述外，對台灣 1960 年代與大陸改革開放後的大批留美學生的著墨似乎不多。這些負笈美國的莘莘學子，為了追求新知，他們逐獎學金而居，或是在餐廳打工於街坊裡辛苦

---

21 李長傅，《中國殖民史》(台灣商務印書館，1970，二版)。
22 劉伯驥，《美國華僑史》(行政院僑務委員會印行，1976)。
23 吳尚鷹編著，《美國華僑百年紀實，加拿大附》(香港嘉羅印刷公司，1954)。
24 李本京，〈論評美國修築鐵路華工及愛爾蘭工人的衝突〉，《中國現代史專題研究報告》，第 6 輯 (1976)。
25 梁靜源，《美國華工田園生涯》(台北：文史哲出版社，1994)。
26 黃和英，〈百年前美國石泉鎮屠殺華工事件〉，《傳記文學》，第 54 卷 3 期 (1984.09)，頁 65-72。

打拼，他們與各色各樣的美國接觸，經過「九九八十一難」，內心的滋味，真是「寒天飲冰水，點滴在心頭」。他們自己動筆，把那種特殊的感受和經驗留下來，構成了「留學生文學」，也是中國新的一代瞭解美國的最佳題材。[27]

「有人說，移民就像是把一棵已經長成的樹連根拔起，種植在另一塊陌生的土地上；也有人說，移民像是把鹹水魚丟到淡水裡去生存」。[28]不管如何，無論台灣或中國，新的移民潮又已開始，固然「腳踏鄉土、心懷中國、放眼世界」應該是新一代的中國人的志向，但有誰不知，一次新的移植，這裡面該付出了多少的血汗代價與生命的拚搏戰鬥？這些辛酸的故事，[29]不也是作者應該關照的題材嗎？

當然，1979 年美國卡特總統宣布與中共建交，並與中華民國斷絕外交關係，這在兩岸中國人一定有兩極化的反應，從報紙的輿論到雜誌的評論車載斗量，如果能做個歸納比較，看看兩岸的中國人的美國觀，在同一事件上有何南轅北轍的反應，倒是很有趣的事情。

最後，本書校對仔細，錯字不多，但仍有兩處名字誤排：

頁 74，註 3，編《蔡元培全集》的是高平叔，而非蔡平叔。

頁 155-157，註 4 所引的作者是李榮秋，而非郭榮秋。

五、本書的價值

法國年鑑學派（L'Ecole des Annales）有所謂心態史的研究。「心態」（mentalité）一詞，是近年來法國和歐美史學界經常談論的，這也是一個相當含糊的詞。心態史包括了社會文化的一系列基本層次：人們對生活、死亡、愛情與性、家庭、宗教、政權等基本觀念、

---

[27] 田新彬編，《負笈歲月》，「美國華人譜之二」（台北：方智出版公司，1988）。

[28] 瘂弦，〈走向世界——讀《美國華人譜》感想〉，見前註，頁 6。

[29] 綠葉子，《一個美國移民的故事》（台北：藍天鵝文化事業公司，1986）。

態度及行為方式，口頭傳說、神話傳奇、民俗民風、日常規範等也相繼成為心態史的研究對象。心態史的領域還可擴大到人們對政權、財政制度、稅收等各種社會、政治問題的看法和觀念。[30]準此，中國人的美國觀研究，或可視為一種心態史或類似心態史的研究。

近人研究外國，或可以戴季陶的《日本論》為嚆矢。戴季陶從很多角度去分析日本，對日本民族的自負心及向上心有很高的評價，日本具有消除不掉的島國根性，而且一味崇拜而侮蔑中國。是書出版於 1928 年，對日本的大陸政策有棒喝的作用，但卻沒有改變日本帝國主義侵略中國的本質，甚至變本加厲，終致演變成中日戰爭的悲劇。[31]不過，從戴季陶的《日本論》到潘乃德（Ruth Benedict）的《菊花與劍》（*The Chysanthemum and the Sword: Patten of Japanese Culture*）在時間上都有「明日黃花」之感。[32]我們需要不斷注入新質素，具現代版的「日本論」。

《中國人的美國觀》一書為我們的西方認識，樹立了新的典範，為美國研究開拓了新的領域。我們不得不承認，撰一本斷代性專題式的中美關係論著易，要寫一部上下一個半世紀通論性的美國觀難。不管如何，路子已經有人走了出來。期待更多的中國學者以畢生的精力或透過與外國學者合作的方式，寫出林林總總的「日本觀」、「英國觀」、「俄國觀」、「法國觀」、「德國觀」等，如此我們對東西方列強的認識，當可粲然大備，蔚為大觀！

（原載《中國現代史書評選輯》，
第 21 輯，國史館編印，民國 87 年 12 月）

---

[30] 姚蒙，《法國當代史學主流——從年鑑派到新史學》（遠流出版公司，1988），頁 191-195。

[31] 黃福慶，〈論中國人的日本觀——以戴季陶的日本論為中心〉，《中央研究院近代史研究所集刊》，第 9 期（1980.07），頁 78。

[32] 許介鱗，《日本政治論》（聯經出版公司，1977），自序，頁 3。

李偉：《曹聚仁傳》

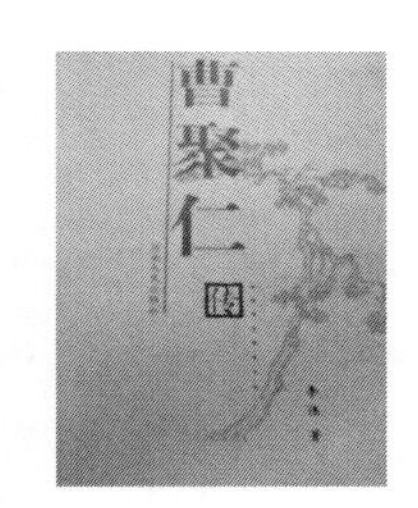

作　　者：李偉
出 版 者：河南人民出版社
出版時間：2004 年 7 月
頁　　數：371 頁
定　　價：人民幣 24 元

一、誰是曹聚仁？

曹聚仁是誰？一般人恐怕不甚了了。新生代對他尤感陌生，兩岸的年輕人知者恐怕也不多。根據傳記文學出版社所編的《民國人物小傳》第 6 冊，可簡介如下：

曹聚仁（1901-1972），字挺岫，筆名丁舟、丁秀、天龍、姬旦、陳思、趙天一、袁大郎、彭觀清等。浙江金華人，浙江省立一師畢業。早歲至滬，以邵力子之介，任鹽商吳懷琛家庭教師。其間嘗兼民國女子中學、上海大學附中國文教員，又經常為邵主編之《民國日報》副刊「覺悟」撰稿，並拜章炳麟（太炎）為師，與柳亞子、陳望道等發起組織「新南社」，其後歷任上海藝術專科學校、暨南大學教授，歷兼博志大學、上海師範、杭州師範、中國公學等校之國文教授。1931 年任《濤聲》半月刊主編，並為《申報》、《自由談》、《申報週刊》、《立報》、《言林》長期撰稿，同年兼復旦、大夏大學文科教授。

1937 年 8 月，「八一三」淞滬戰事爆發，編輯《前線日報》，後任戰地記者。在淞滬隨軍二月餘，後往返於皖南、浙東、贛東一帶，其始為《立報》、《大晚報》、《星島日報》撰寫戰地通訊，後轉入《中央社》參加戰地工作組。1938 年，隨軍到魯南，並開始蒐集抗戰史料。抗戰期間，嘗任贛州《正氣日報》主筆、總編輯，1945 年 8 月，抗戰勝利，重返上海。

1947 年，任國立社會教育學院教授，出版《中國抗戰畫史》。1950 年夏，南下香港，任《星島日報》主筆，其後從事寫作，先後為香港《星島日報》、《星島晚報》、《循環日報》、《晶報》、《正午報》、新加坡《南洋商報》撰稿，又在港創辦創墾出版社，主編《新生年代》雜誌，與徐訏、李輝英等合辦《熱風》半月刊。1956 年，以記者身份訪問中國大陸，「為祖國統一做橋樑」，其後復多次進入大陸，為毛澤東、周恩來接見，成書多種，極盡為中共吹捧之能事。1972 年 7 月，因癌症病逝澳門，年 72 歲。

綜上所述，曹聚仁集學者、教授、作家、記者於一身。他腹笥深厚，讀書廣博，早歲即顯露過人的才華，終生筆耕，寫有四千餘萬言，成書七十餘本。他的文風有別於魯迅的辛辣，周作人的沖淡平和，豐子愷的溫存善感，三家之外獨樹一幟，文才與文采都是不可多得的。他對國學、史學、新聞學、現代文學均有卓爾不群的貢獻，在中國現代文化史上有重要地位。但多少年來，人們一直把他淡忘。

二、走出歷史的帷幕

本書對曹聚仁的一生有完整的交待，下筆論斷亦尚稱客觀持平，殆係迄今所見，有關曹傳最稱全面的力作。本書約卅萬字，共分十九章。茲誌其目次如下：

第一章　故鄉、家世、童年
第二章　負笈金華
第三章　五四風暴的洗禮
第四章　初登社會之舟
第五章　教授生涯
第六章　烏鴉為記的《濤聲》
第七章　曹聚仁與魯迅
第八章　大眾語運動

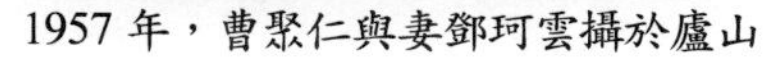
1957年，曹聚仁與妻鄧珂雲攝於盧山

第九章　從回力球研究到適然論
第十章　在抗日的洪流中
第十一章　曹聚仁與蔣經國
第十二章　他的婚戀
第十三章　他的師友
第十四章　他的日常生活
第十五章　南行之秘
第十六章　風雨征途，奔走兩岸（上）
第十七章　風雨征途，奔走兩岸（下）
第十八章　淒涼晚境，最後歲月
第十九章　餘波：身後是非誰管得

最後有附錄兩種，附錄一是曹聚仁著作目錄，附錄二是曹聚仁大事年表。可見作者李偉是很盡責的。

三、曹聚仁與蔣經國

限於篇幅，筆者無法對全書內容多作介紹。做為史學工作者，個人最感興趣的是他與蔣經國之間的關係，以及曹著《蔣經國論》的內容為何？據作者指出，曹聚仁與蔣經國的關係錯綜複雜。從身份方面談，時而師友，時而幕賓；以時間而論，直接過從雖僅四、五年，但此後斷斷續續，一直維持到曹氏離開人世。

1938 年 8 月 16 日，曹聚仁以《中央社》特派員的身份，於江西南昌訪問蔣經國（時任江西保安處少將副處長）。初次見面後，曹聚仁寫了一篇訪問記，稱蔣經國為「一個政治新人」，秉筆直書他的感想：「記者細細地、靜靜地看他的行止，他和勞苦民眾相接近並非矯情而為之的。他懂得生活的意義，勞力的價值。他自然而然親近那些用自己血汗掙飯的人，他有光、有火、有力，吸引著一群有血性的青年；自然，也有人覺得頭痛……。」愉快的初見，雙方都有深刻的印象。其後受到贛南新政的影響，曹聚仁甚至全家定居贛州，為蔣經國接辦《正氣日報》，而且辦得有聲有色，把蔣經國捧為「蔣青天」。

曹聚仁與蔣經國之間，從開始接觸到合作共事，有數年之久，對蔣經國的生活、思想均有相當程度的理解。蔣經國自己就說過：「知我者，曹公也！」1948 年，曹聚仁的《蔣經國論》在上海出版，這本書是最早問世的蔣經國傳記。50 年代後，曹移居香港，又把《蔣經國論》幾乎重寫了一遍。曹氏文史貫通，文筆洋洋灑灑，如行雲流水，故此書問世後，有很好的反響。《蔣經國論》的副題為「五十年來功過得失總論」，內容分為三大部份：一、一代傳奇人物蔣經國；二、留學蘇俄深悟民主政治；三、抗戰勝利帶來的內戰危機。正文有廿小節，另有後記，探討生命的意義與價值。

這本書成功之處，有以下幾方面：

(一) 恰如其分地直言蔣經國的功過。

(二) 多層面地展示蔣經國的性格。除曹聚仁外，還沒有人能這樣生動分析蔣經國複雜的性格，而且鞭辟入裏。他寫道：

「……說起來，經國也正是哈姆雷特型的人物，他是熱情的，卻又是冷酷的；他是剛毅有決斷的，卻又是猶豫不決的；他是開朗的黎明氣質，卻又是憂鬱的黃昏情調。他是一個悲劇性格的人，他是他父親的兒子，又是他父親的叛徒！」

(三) 給神話人物還以人的本來面目。

在贛南，以至離開大陸前在上海的蔣經國，都曾被看成神。但曹聚仁將他還原成人，凡是人總有男女私情的弱點，不安於平凡，且不免於派系的鬥爭。

曹聚仁在香港增補的〈如是我聞〉篇，對蔣經國的性格又有一番補充：「他是多情的，卻是十分冷酷的；他是活潑天真的，卻又是嚴肅呆板的；他時常為大自然所迷醉，願意過隱居的生活，卻又是愛在擾攘的紅塵中打滾，以鬥爭為快意。這是哈姆雷特的悲劇性格。」

曹氏論蔣經國，自然離不開蔣介石。兩蔣合論，尤見精彩。請看：

—「經國回國以後，蔣先生要他孤立著過活，養成一種不可測的神情。其實，蔣先生自己的神秘就是有限得很，他處處在玩弄自己的左右，事實上，倒是他的左右在玩弄他、包圍他。」

—「經國是吃過麵包的人，比之蔣先生沒吃過麵包、喝過海水，自然高明得多。蔣先生不會演說，不會招待新聞記者，使人畏而不能使人敬，要做民主國家的領袖就差那麼一大截。經國的外在條件當然很夠了，可惜以曾國藩自況的蔣先生，所以教育這位曾紀澤的，並不用現代化的知識，而要他回到居敬存誠的理學路上去，當然失敗了！」
—「經國這個人是不會居敬存誠，卻也不善於玩弄權術的。觀人察質，必先察其平淡，而後求其聰明。經國為人，聰明則有之，平淡則未也；他們都不是足以轉移世運的人。」

四、兩岸密使之迷

在5、60年代，曹聚仁擔當過台海兩岸高層領導之間的密使，幾乎已是公開的秘密。1956年7月，曹聚仁透過香港《大公報》社長費彝民的介紹與北京邵力子的安排，名義上以新加坡工商考察團隨團記者的身份，前往大陸採訪，實際上「為祖國統一做橋樑」。在邵力子、張治中、屈武、陳毅等人陪同下，周恩來總理曾賜宴頤和園，並先後接見三次，促使曹氏的人生道路產生新的轉折：由出世到入世，由自由主義轉向愛國主義。席上，曹稱周是「政治外交上的隆美爾」；推崇陳毅（副總理）是「了不起的人物，上馬能武，下馬能文；既是將軍，又是詩人。」

同年9月，曹聚仁又匆匆北上，再到北京，做了10月1日國慶典禮台上的貴客。毛澤東接見了他，並作長談。曹提起《沁園春》的詞句，當面誇毛「走向超過成吉思汗的道路了」。毛承認「蔣氏在現代中國史上有他那一段不可磨滅的功績」，並表示「如果台灣回歸祖國，一切可以照舊。台灣可以實行三民主義，可以同大陸通商，但是不要派特務來破壞，我們也不派紅色特務去破壞他們。」其後，周恩來又宴請曹聚仁，話題又涉及台灣問題。曹問：「台灣回歸後，對蔣介石如何安排？」周答：「蔣介石當然不會做地方長官，將來總要由中央安排的。台灣還是他們管，如果辭修（陳誠的字）願意做台灣的地方長官，蔣經國只好讓一下做副的。其實，辭修、經國都是想幹些事的，辭修如願到中央，職位當不在傅宜生（作義）之下。經國也可以到中央。」

1957 年，曹聚仁穿梭往返於香港、北京有 6 次之多，這當然也由於台北有了回應。台北派蔣經國贛南新政時的親信王濟慈與曹聚仁聯繫，做傳話的信使。同年春天，來自台北的立法委員宋宜山（宋希濂之兄），到北京作試探性的訪問。李維漢、羅青長會見了宋宜山。談話中說道兩岸統一後的要點。台灣作為中國政府統轄下的自治區，實行高度自治；台灣政務仍歸蔣介石領導，中共不派人前往干預；國民黨可派人到北京參加全國政務領導，但外國軍事力量一定要撤出台灣海峽。宋宜山回台復命後，曹聚仁留在香港。

其後，曹聚仁復風塵僕僕，席不暇暖訪問中國，足跡所到之處，甚至包括廬山與溪口。回港之後，曹氏寫了一份書面報告送往台北。根據這信函的報告，交待了如下的一些事實：

(一) 奔走只是為道義：

－此次曹聚仁北行，係受台北之託，遵命看了一些地方。

－曹是道義上為台奔走，事成後做歸隱的嚴光。坦蕩心跡，於此可見。

－台方有「原定的計畫」，可見雙方已透過曹有了接觸。

－台方原有派員到大陸遊歷之說。

(二) 進言「和平解放台灣」為兩利。

(三) 匯報廬山美廬依舊，溪口無恙。

曹聚仁有位朋友叫王方，曾在香港的《七十年代》上發表一篇〈記一次中國統一的秘密談判〉，寫這篇文章的時間是 1978 年 4 月 21 日。該文透露了一個大秘聞，大約在 1965 年之頃，大陸文革發生之前，蔣介石外受美國各種約束，內受台籍同胞反對其統治的壓力，頗有意與中共談判統一。蔣經國奉命，與以前他在贛南任行政督察專員時，曾以師友相視的當時居留在香港，而與北京當局有一定關係的歷史學者與老作家曹聚仁接洽。經過了一段時間的醞釀與籌備，蔣經國在極神秘情況下，派了一條小船，專程來港迎接曹聚仁前去台灣。曹登岸以後，立刻坐直昇機前往南投日月潭的蔣氏官邸（涵碧樓）。蔣氏父子聽取曹密訪北京報告，經幾次商談，在曹「國共再攜手，一笑泯恩仇」說動下，雙方達成一個「與中共關係和平統一中國」的談判條款。草案當時稱為「六項條件」，其內容如後：

(一) 蔣介石偕同舊部回到大陸，可以定居在浙江以外的任何一省區，仍任國民黨總裁。

(二) 蔣經國任台灣省長，台灣除交出外交與軍事外，北京只堅持農業方面必須「耕者有其田」，其他內政完全交由台灣省政府全權處理，以廿年為期，期滿再行洽商。

(三) 台灣不得接受任何軍事與經濟援助；財政上有困難，由北京照美國支援數額，照撥補助。

(四) 台灣海空軍併入北京控制，陸軍縮編為四個師，其中一個師駐在廈門、金門地區，三個師駐在台灣。

(五) 廈門與金門合併為一個自由市，作為北京與台北間的緩衝區與聯絡地區。該市市長由駐軍師長兼任，此一師長由台北徵求北京同意後任命，其資格應為陸軍中將，政治上為北京所接受。

(六) 台灣現任文武百官官階、待遇照舊不變，人民生活保證只可提高，不准降低。

由上可見，曹聚仁為兩岸的和平統一，確實費了一番心力。無奈「謀事在人，成事在天」，正當和議即將實現，中國大陸卻發生了史無前例的浩劫，即「文化大革命」。消息傳到台灣，蔣氏父子由疑慮到改變決心，和平談判亦告中斷了。

1998 年 3 月 8 日至 10 日，《聯合報》連續三天，以整版篇幅發表曹聚仁的女公子曹雷所寫的長文〈父親原來是密使〉。曹雷的文章發表後，在台北引起極大反響。

曹聚仁的好友，原《前線日報》社社長、總統府資政馬樹禮，堅決否認其事：

第一、據其了解，外間所傳兩岸透過什麼人談和的事，都不是事實。

第二、經國先生到台灣後，對大陸上他的所有朋友、部屬的來信，一概拒收，從來不看。據經國先生機要秘書蕭昌樂告知，曹聚仁確實有幾封信給蔣經國，但他並沒有看到，因蕭君已奉命把所有來信都毀了。

曾在贛南工作，也是報人，和曹聚仁熟識，自稱最有條件說話的漆高儒（他追隨蔣經國多年，著有《蔣經國評傳》）也表示否認。他說，曹聚仁應該不是「密使」，絕對沒有到過台灣，「這應是他病中夢囈的話，……日有所思，病有所說。」他又說：「周恩來最長於搞統戰，聽聽曹聚仁的意見，姑妄言之，姑妄聽之，讓你曹聚仁去談談又何妨！」至於曹聚仁和蔣經國的聯絡，則是此路不通，搭不上線。因為「蔣經國根據過去國共和談的經驗，訂了對中共的三不原則：不接觸、不談判、不妥協。這是八二三砲戰前所定的。」

曾在胡宗南、孫立人身邊參贊過戎機的張佛千，他認為密使可能有其事，台北方面十分注重保密，只有口傳，不留文字。

台北的老報人陸鏗（抗戰時期曾任《中央日報》採訪部主任）則完全肯定曹聚仁是密使。他以台北派宋希濂胞兄宋宜山到北京試探和談可能性為例，「由此觀之，當時台北對大陸未採取完全隔離政策，在這種情況下，曹聚仁被北京方面派來從事兩岸中介或溝通角色的機會非常大。」

總之，曹聚仁的一生，撲朔迷離，被人稱為「謎樣的人」。他服膺「烏鴉主義」，自稱「烏鴉文人」。他最不愛寫文章，但卻不能不靠賣文以為活；他從來與世無爭，處處讓人，不幸卻落在最愛相輕相妒的文人圈子裡。曹聚仁一向自稱是「一生站在政治邊緣上的人」，曾以但丁自比，晚年孜孜以求的，也就是「謀國家的統一」。可惜他「壯志未酬身先死」，他是帶著遺憾而去的。

（原載《僑協雜誌》，89 期，民國 93 年 10 月）

衣復恩：《我的回憶》

書　　名：我的回憶
作　　者：衣復恩
出 版 者：立青文教基金會
出版時間：2005 年 5 月第 3 刷
頁　　數：477 頁
定　　價：非賣品

走過風起雲湧的戎馬生涯，
走過雲淡風輕的布衣歲月；
幾番風雨，幾番晴；
幾番回顧，幾番前瞻；
如今，但覺心已冰清。

這是衣復恩一生起落的寫照。如今，「雲散長空雨過，雪消寒谷春生」。衣復恩是誰？恐怕知道的人已越來越少。衣復恩是位空軍飛行員，乃蔣委員長專機座機長，他的一生充滿神秘傳奇，猜想知道的人並不多。從「黑蝙蝠」（空軍第 34 中隊）到「黑貓中隊」（35 中隊），衣復恩都是參與和見證者。就在他軍旅生涯如日中天之際，卻以莫須有的罪名被下獄 3 年，很多人不明白究竟為了什麼？衣復恩有本《我的回憶》問世，流傳不廣，看過的人更屬有限，究竟內容如何？以上這些謎團，待筆者逐一來解開。

一、空軍傳奇人物

衣復恩（1916-2005），山東濟南人，從小就個性豪放不羈，喜歡爬山玩水，對廣闊無垠的藍天有種莫名的嚮往，幻想做個御風而行的飛行員，可以「扶搖而上九萬里」。1933 年，高中未畢業便投筆從戎，考入中央航空學校第 5 期，在杭州接受訓練，選擇轟炸科。1936 年畢業，分發部隊，經歷兩廣事變、西安事變、淞滬之役、武漢保衛戰、崑崙關之役等大大小小戰役，轟炸過日艦「出雲號」，與蘇聯志願隊並肩作過戰，建立了不少汗馬功勞。

1943 年衣復恩與蔣委員長合影

1941 年赴美，接受儀器飛行及天文航行訓練，翌年，接收 C-47 飛越大西洋回國。抗戰後期，奉命接掌空運隊，主要任務是政府人員及軍事物資的運輸。空域以四川為中心，涵蓋雲南、廣西以及大西北——從鄭州到西安，而至甘肅的蘭州、武威，再沿河西走廊直到嘉峪關，然後西行至哈密、迪化（現烏魯木齊）而達伊寧；有時也飛南疆的庫車、和闐等地。1943 年，經周至柔推薦擔任蔣委員長座機長，從「美齡號」到「中美號」前後 10 年。他多次冒險飛蔣中正先生上火線，並載送他到碧瑤會晤菲律賓總統季里諾、鎮海會晤韓國總統李承晚，完成敦睦邦誼，共商東亞反共聯盟的計畫。

1952 年 5 月至 1955 年 11 月，衣復恩在華府當了 3 年半的駐美空軍武官。其後返國出任空軍總部情報署署長，空總副參謀長，直接受蔣經國指揮，負責督導特種作戰任務，即 33 中隊（3831 部隊）、34 中隊（西方公司，或稱黑蝙蝠）、35 中隊（黑貓中隊）與美方合作，以各種機型飛機對大陸進行空投、偵測任務。多少年輕空軍菁英，他們前仆後繼，神鬼莫測，冒死穿透鐵幕，「千鎚萬鑿出深山，烈火焚燒若等閒，粉身碎骨渾不怕，要留清白在人間。」這正是他們冒險犯難的生活寫照。

二、突然失去自由

1966年9月9日至1969年8月11日，衣復恩的人生突然失速，生命在這裡轉了一個大彎，從雲端跌入牢籠。不知何故，他被請進新店看守所，以後移住景美，突然失去自由，一幌將近3年，衣氏說自己「糊里糊塗的走入看守所」，最後被告知「心律不整」，又糊里糊塗的走出看守所那個「圈圈」。

究竟為了什麼？很多人表示關心。衣本人在回憶中也做了探索，但沒有定論。

最有可能是U2事件。

U2是極機密的「一條鞭指揮系統」，一條鞭是蔣總統→蔣經國→衣復恩，連參謀總長和國防部長都不是全盤瞭解。蔣經國曾經指示，凡是U2的事，一定要先報告他同意才可，不必向空軍總司令報告。而陳誠副總統想看看U2的空照，衣復恩基於老長官的關係，事先沒有請示，便把U2的照片和資料送到陳辭公的寓所。是不是因此而觸犯忌諱，是否因此挑動了蔣經國和陳誠之間早已存在的矛盾神經，不得而知。

還有一說，就是所謂「反攻無望論」。自政府遷台後，老總統始終以反攻大陸為念，並以反攻大陸為國策重點，故經常遊說美國人，希望瞭解我國反攻大陸的必要性，並堅請美方給予支援。

衣復恩與一位服務於美國大使館的林克斯（Robert Linquist）相熟，兩人常談及反攻大陸的問題。衣有意無意間透露對反攻大陸不太可能的看法，這位老兄可能在美國國會作證時，引用了衣的看法，而又被我政府在美國國會做工作的專人（可能是孔令傑），把話傳回台灣，向官邸打小報告，這樣一來就百口莫辯了！

與蔣家親若一家，和蔣經國情同手足，衣的妻子蕭瑛華又是蔣經國女兒蔣孝章的乾媽，即便如此，衣復恩說：「毫無疑問的，我的案子應是出自最高層的授意。」但亦表示，蔣經國可能奉父命抓他。衣氏出獄後，蔣孝文去看他，說道：「衣伯伯我們蔣家對不起你。」衣妻蕭瑛華曾分別向蔣孝勇夫婦打聽蔣經國日記是否記載衣復恩被捕一事，但皆不得要領。

三、感慨話神州沉淪

衣復恩的《我的回憶》，雖自謙既無資格作「歷史見證」，亦無警世易俗之意，但書中頗多現代史學家取之不竭的好材料，他與沈君山教授論「大陸何以淪陷」，便是一例。他說：「據我看來，大陸是我們自己弄丟的，而不是共軍贏來的。我親眼目睹勝利還都之後，高級幹部大發接收財，奢侈荒淫，將驕兵逸，我在東北地區到處看到百姓身穿美製軍服，那都是從軍中偷來的。從這一件事上就可看出，國軍雖有飛機、大砲，裝備上佔有絕對優勢，但紀律敗壞，軍無鬥志，導致短短四年中就把整個大陸拱手讓人，送掉了大好江山！」

四、對蔣經國「一知半解」

蔣經國相識滿天下，但是真正的知心並不多，衣復恩算是其中之一。蔣經國沒什麼消遣嗜好，偶而也打打小牌，但牌技甚差，完全是自娛娛人。此外，他的運動細胞似也不發達，曾打過幾次高爾夫球，找呂良煥當他的義務指導老師，但始終控制不住一顆小白球，玩了幾次以後就放棄了。

與蔣經國相交 23 年，衣復恩自承對他仍是一知「半解」。蔣經國的個性與他在俄國所受的訓練和所吃的苦難應當有相當的關係。他自奉甚儉，自我約束，嚴格要求，完全不重享受，身段和姿態都擺得很低。處逆境能忍，處順境不驕，且對父親極孝順。但另一方面，他深藏不露，城府極深，常要讓旁人揣摸他的心思和想法。這種「意識潛伏」讓下屬摸不透。也許，這是建立權威的一種「術」。這也正是衣對他不解的另一面。相處 23 年，衣自認仍然摸不透他的心思。

U2 偵察機雄姿

蔣氏最喜歡讀的書，除了呂坤的《呻吟語》外，就是《菜根譚》。以衣個人的體認和觀察，蔣經國在出掌大權之後，似乎未受「三習（目習、耳習、心習）」之害，但他知人是否明？用人是否得當？仍有待商榷。他厭棄小人是事實，但有無做到選賢與能，則尚待公論。

五、月旦風雲人物

作者在書中暢談幾位風雲人物，包括：提攜後進的周至柔；樂天知命的張學良；神秘莫測的戴笠；長於口才的周恩來；常勝將軍傅作義；傲氣蘊涵的孫立人；飽學謙冲的俞大維。茲摘錄數則與讀者分享。

俞大維像

戴笠（雨農）精力超人，給人的印象是神秘、冷靜、機智，馭下及克己皆很嚴格。他在情治上的卓越貢獻，素為當局所倚重，甚至有人認為當年在大陸之失利，與戴笠之早逝亦有關係。依衣復恩的看法，情報固然重要，但大陸之失守，與戴笠之死，關係不大。

周恩來的酒量很大，而且能言善道，頗像一位年輕的大學教授。在共黨幾位領導人物中，毛、朱、林、鄧都給人一種「土八路」的印象，惟獨周恩來，他給人一種比較有文化的感覺，而且親和力十足，言談風趣，又充滿機鋒。往後多年，事實證明他確實是個人才。

俞大維的英文造詣很深，但他常以開玩笑的口氣說：「我的德文比英文好，英文比中文好。」俞先生居家甚為儉樸，除廚師外，只有女傭一人照顧起居。他雖被老總統所倚重，但從未被認為是蔣氏「心腹」，很多重要的事，他都不知道。他與蔣經國雖結為親家，但非兩老所願。在蔣經國被任為國防部副部長之後不久，俞即很「知趣」的辭去部長職位以「讓賢」。後被聘為總統府資政，每日以讀書自娛。

（原載《僑協雜誌》，94期，民國94年9月）

章詒和：《往事並不如煙》

作　　者：章詒和
出 版 者：時報文化出版公司
出版時間：2004 年 11 月
頁　　數：447 頁
定　　價：新台幣 350 元

一、不容青史盡成灰

近幾年來，中國大陸不斷有轟動海內外的好書問世，如楊絳——（錢鍾書太太）的《我們仨》、陳桂棣與春桃合著的《中國農民調查》以及章詒和的《往事並不如煙》。尤其是《往事並不如煙》出版後，更是一時洛陽紙貴，知識份子競相走告，紛以讀過《往事並不如煙》為傲，華人讀書界儼然形成了「爭讀章詒和」的現象。

《往事並不如煙》除了後來遭禁的大陸版（文學出版社）外，還有香港牛津版，但更名為《最後的貴族》。台灣版由時報文化公司刊印，與香港牛津版相比，增加了訪談錄〈越是崎嶇越坦平〉一文，這是作者應女作家方方之邀所作，刊登於《今日名流》（1997 年 5 月號）。此外，也對書中已發現的若干錯誤和疏漏作出更正。

二、民盟份子的悲劇下場

本書作者章詒和，1942 年生於重慶，中國戲曲學院畢業，現為中國藝術研究院研究員。她是什麼來頭？她是章伯鈞的女兒。章伯鈞又是何方神聖？章伯鈞（1895-1969），安徽桐城人，武昌高等師範學院畢業後，赴德留學，入柏林大學攻讀哲學。回國後，言論偏激，是反國民黨的急先鋒，乃國民黨在重慶時代鼎鼎有名的「第三勢力（既反共，又反蔣）」要角之一，曾參與「中國民主政團同盟」的組織發起，並被推為中央常務委員兼組織部長，羅隆基為宣傳部長。「中國民主政團同盟」後改名為「中國民主同盟」，簡稱「民盟」，章伯鈞出任組織委員會主任委員，羅隆基為宣傳委員會主任委員。在抗戰與剿共期間，「民盟」始終與中國共產黨唱和（即國民黨口中的「中共同路人」），反對內戰，反對獨裁，要求民主。

1949 年中共建政後，民主黨派因參與建國有功，搖身一變多成為紅朝新貴。酷愛政治，也參與政治活動的章伯鈞，被任命為「政務院」政務委員兼交通部長，羅隆基也出任「政務院」政務委員暨國務院森林工業部長。

五十歲時的章詒和

但 1957 年的「百家爭鳴，百花齊放」運動，很快變成一場反右的整風運動，這批當年標榜「民主」，討厭國民黨的民主黨派人士，不管他們個人的人格特質或理想熱情，一概淪入同一命運，都在毛澤東的絕對控制下，苟延殘喘，恐懼徬徨；都在同一塊土地上，經歷中國歷史上前所未見的一個荒謬時代與黑暗日子。在這個制度下，人性的起碼尊嚴非惟蕩然無存，個人的丁點自由更是化為烏有。一個不把人當人的社會，一個只會踐踏知識份子的毛王朝，章伯鈞、羅隆基等人怎麼能活下去呢？所謂的「民主人士」情何以堪！

三、章詒和筆下的人物

這本書除了自序、附錄以及林博文的導讀外，一共寫了 6 篇，涉及 8 個人。茲將篇目開列如下：

(一) 正在有情無思間——史良側影

(二) 兩片落葉，偶而吹在一起——儲安平與父親的合影

(三) 君子之交——張伯駒夫婦與我父母交往之疊影

(四) 最後的貴族——康同璧母女之印象

(五) 斯人寂寞——聶紺弩晚年片段

(六) 一片青山了此身——羅隆基素描

自稱這輩子經歷了天堂、地獄、人間三部曲，人生沒有什麼意義和價值的章詒和，本書是她對往事的片段回憶，她把看到的、記得的和想到的紀錄下來，人物包括史良、儲安平、張伯駒夫婦、康同璧母女、聶紺弩和羅隆基，這些人物都是中國現代史上有頭有臉、有血有肉的人物。作者文筆生動，不僅細緻地記述了他們在人生困頓中的喜怒哀樂，更可貴的是她也寫出了那個時代的陰影，以及活在陰影下的許多大小人物。

律師出身的史良（1900-1985），女，江蘇常州人，1936 年 11 月為推動抗日，與上海救國會領袖沈鈞儒、王造時、沙千里、章乃器、鄒韜奮、李公樸等同被國民政府逮捕，史稱「七君子事件」。1942 年，史良加入「中國民主政團同盟」。中共掌權後，出任司法部長。

儲安平（1909-1966），江蘇宜興人，上海光華大學畢業，後赴英國倫敦大學深造，40 年代末創辦《觀察》雜誌，嚴厲抨擊國民黨一黨專政，讀者愛讀，影響至大。1949 年後，任「九三學社」中央委員兼宣傳部副部長，1957 年任《光明日報》總編輯，翌年 1 月，被劃為資產階級右派份子。

夙有「民初四公子」之一美稱的張伯駒（1898-1982），河南項城人，是個多才多藝的收藏家，琴、棋、書、畫、詩、詞、戲曲、金石，無一不精。康同璧的父親是晚清名人康有為，章伯鈞稱康同璧與羅儀鳳母女是「中國的最後貴族」。

作家聶紺弩（1903-1986），湖北京山縣人，1932 年在上海參加左翼作家聯盟，1934 年加入中國共產黨。1949 年後，歷任報社總主筆、作協理事、出版社副總編輯等職務，1958 年被錯劃為右派，開除黨籍，送北大荒勞動。

章伯鈞（左一）沈鈞儒（左三）羅隆基（左四）攝於抗戰時期的重慶

與胡適、梁實秋都有交情的羅隆基（1896-1965），字努生，江西安福縣人，清華大學畢業後，赴美留學，獲哥倫比亞大學政治學博士學位，是英國政治學權威拉斯基（H. J. Laski, 1893-1950）的得意門生，又曾得過羅素（Bertrand Russell）的指導。他是個絕頂聰明的政治學者兼政治活動家。在抗戰末期，以「民盟」宣傳委員會主任委員及該盟發言人的身分，在昆明鼓動學潮，言論偏激。中共掌理政權後，仍幻想「民主黨派」與中共成立「聯合政府」，雖曾先後出任政務院政務委員暨森林工業部長，但並不滿意。鳴放期間，主張成立為人民翻案的「平反委員會」，以檢查過去「三反」、「五反」和「肅反」工作的偏差。不久，中共發動「反右鬥爭」，與章伯鈞成為主要鬥爭對象，認為是「反黨」、「反共」、「反社會主義」的「聯盟」。

章詒和筆下的這些人物，有的深邃如海，有的淺白如溪，前者如羅隆基、聶紺弩，後者如潘素（張伯駒的太太）、羅儀鳳。他（她）們有才、有德、有能，除了史良，個個心比天高，卻命比紙薄，可說而不可看，或者可看不可想。因為「大鳴大放」變成「引蛇出洞」，至少五十萬的知識份子和政界異己被戴上右派帽子，遭到人格上、生活上和政治上的極端歧視和嚴重打擊，直到老毛病死，中國大陸實際上就是一座「毛記煉獄」。

四、寧鳴而死不默而生

知識份子感時憂國，對時局最敏感，也最為關心，但生逢亂世，寧鳴而死難，不默而生易。

在「大鳴大放」期間，社會學家費孝通寫了一篇膾炙人口的〈知識分子的早春天氣〉，儲安平批評中共「黨天下」，羅隆基尖銳地說：「現在是無產階級小知識分子領導資產階級的大知識分子。」毛澤東看到知識分子的熱烈直言，他火大了，憤怒極了，既然引蛇出洞，「牛鬼蛇神」一一自投羅網，正好展開一場整肅、清算、鬥爭運動。

當「文革」來臨，數億人都處在癲狂狀態的時候，章伯鈞告訴女兒說：「中國現代史上最黑暗的時期開始了。對一個追求民主與科學的人來說，生是地獄，死是天堂。馬克思萬萬想不到他的哲學被糟蹋成這樣。報上宣傳的思想，與其說是哲學，不如說是宗教。只有一個主義歡迎它，那就是法西斯。」

對「文革」發生的原因，章乃器（1897-1977）說「從表面看來，這個運動像是突然發生的，但歷史從來沒有什麼東西是突如其來的，其中不為人知的原因，恐怕已醞釀多年。」章伯鈞則一針見血地說：「依我看，發動文革這個念頭，內因是源於他（指毛）的帝王思想。外因是有感於蘇聯的現實，看到史達林死後出了個赫魯雪夫，他就憂慮得睡不好覺了，還給人家取了名字叫修正主義。於是，在反修的旗幟下，趁著自己還活著，就先要把中國的赫魯雪夫揪出來。」

談到「文革」的後果，章乃器表示：「一場文化大革命，給中國形成了兩個極端。一個是極端個人崇拜；一個是極端專制主義。這兩件東西，自古有之，文革是把它發揮頂峰了。」章伯鈞也說：「老毛欣賞秦始皇，而秦始皇是個有恩於士卒，而無禮於文人士大夫的獨裁者。」

五、結語

總之，《往事並不如煙》刻劃的是一批「左右不討好」、「裡外不是人」的中國上層知識分子，如何面對中共一波接一波的政治風潮，如何一再遭受無情踐踏，最細緻而生動的故事。它紀錄了革命狂飆年代的一段鬥爭血淚，它掀開了人性品格歷劫蒙塵的幾許回憶。章詒和筆下的人物，不單單只是專制政權底下無助的政治受害者；他們有理想熱情和天真執著的一面，也有阿附政治權力和追求生活情趣的一面，還有驕傲自滿、虛榮自私、殘忍嫉妒和勢利糊塗的另一面。

（原載《僑協雜誌》，90 期，民國 93 年 12 月）

沈君山：《浮生後記》

作　　者：沈君山
出 版 者：天下遠見出版公司
出版時間：2004 年 3 月
頁　　數：462 頁
定　　價：新台幣 450 元

一、從《浮生三記》到《浮生後記》

素有政壇「四大公子」美稱、「橋棋雙棲」（橋牌國手、百慕達杯亞軍、美國圍棋業餘冠軍）令譽的清華大學前校長沈君山，繼三年前（2001 年 3 月）在九歌出版《浮生三記》之後，最近又由天下遠見公司推出《浮生後記》。《浮生三記》係仿其本家先輩沈三白，自敘在人文、科學、棋橋三個領域的經歷。《浮生後記》則分上下兩卷，上卷為自述，可說是《浮生三記》的續記，寫成長、返國與清華、族群溝通、兩岸初期交涉之參與、仕途與家族、紀政。下卷則分三組文章，以兩岸關係為主軸，有「兩岸早期文摘」、「與江澤民三次晤談始末」、「民主化與兩岸」等內容，和上卷頗多呼應之處。

沈君山教授的這本新自傳，從撰寫到出版，先後長達十年，創下了「天下文化」出版史上罕見的紀錄。誠如中央大學李瑞騰教授所指出，做為一位貴介公子，沈君山得天獨厚，他和其他人最大不同的地方，在於他特具人文素養：一個研究聲光化電的物理博士，卻又是個圍棋高手；而那一雙做實驗、執黑白棋的手，有時又握著如椽之筆，以彩筆「尋津」「耕耘歲月」，並記「浮生」。書中從國家大事到人間長情，充份顯現了沈教授奔放的才情、灑脫的文思、犀利的觀察，以及對國家的憂思與愛情的頓悟。

二、與紀政對弈

沈君山於 1973 年返台，出任清華大學理學院院長，由於風華正茂，又是自由之身，悲歡離合之事難免，但對愛情婚姻，卻有一悟三不。一悟是：「得到了可能是失去，失去了卻未必不能得到」。「交女朋友：一不交學生，二不交清大同仁，三不交沒有愛情經驗者」，斯為三不。沈居山在美任教時，有一段歷時十年的婚姻，回台時結束。回台之後，一直是單身，他曾自我調侃說，「並無緋聞之事實，卻有風流之虛名，親友家人為之擔心不已，對事業亦有影響」。

1982 年，沈君山與紀政同遊希臘

要不是他和盤托出，一般人並不太知曉沈公子和紀政之間的一段神仙般的戀曲。在本書上卷，有一篇紀政的專章，共有 54 頁，約 2 萬字左右，講兩人交往的過程。他說她（東方飛躍的羚羊），是一個模範運動員，樂觀、堅毅、永遠的向前看，不緬懷過去；她並不漂亮，但健康自信從她身上輻射出來，吸引著周遭的人。他們真正墜入情網，是在 1979 年的名古屋之旅（以奧會顧問名義出席會議），1982 年他們藉出席世界田徑協會之便，曾同遊希臘，儷影成雙，共賞落日餘暉，映著愛琴海中小島的旖旎風光。

全文未提過愛戀兩個字，但字裡行間卻見到沈君山用情之深，即使他失戀了，也未有怨語。誠如聯合報記者林英喆所說，論起沈、紀這盤愛情的棋來說，其實兩個人的功力不相上下，可謂「棋逢對手」。雖然最後終未成局，中途「打掛」，但中間交往的過程，應可成為「名局」。李亦園教授也十分讚賞沈君山處理兩性問題的態度，把愛情昇華為友情，足可做為年輕人的典範。

三、一而後統——與江澤民的三次談話

沈君山以學術為本行，以政治為副業，又沈浸於棋橋的文化意趣中，但一、二十年來，他著力最多也最教他牽腸掛肚之事，無非是兩岸關係。自 1990 年起的兩年內，沈教授以一介布衣，三度到中南海和江澤民暢談兩岸的未來，直言無隱，不亢不卑，大有「說大國，則藐之」的氣概。

第一次見面，沈君山就開宗明義的說明三點：第一、他並不代表任何人；第二、他會說出他個人的看法，主要是他瞭解的客觀情形；第三、對方的談話，他會儘量轉達，但他不負有信使的任務。江澤民聞言，十分欣賞，連說：「很好，很好。這兩年來台灣來了好多人，都說代表誰代表誰，我們也分不清，也不想分，都是想在人民大會堂拍拍照吧！像你這樣說的太少了。」也許是沈君山不招搖，減少了江澤民的戒心，以後他們又見了兩次，一談就是幾小時，還允許沈君山當場「紀錄存證」，都是前所未見之事。

每一次談話，沈君山都反覆說明，台灣目前不能接受統一的原因，台灣必須有自主空間的理由，而且提出各種設計構想，譬如「一而後統」——先求一個中國，其他問題留待以後解決。再如「統一中」——在經濟發展過程中，有未開發國家，有已開發國家，但總有一個過程，那就是開發中國家。沈君山向對岸傳達的訊息是「統

一中」的概念，他認為目前和平統一的條件尚不成熟，實事求是，只有先求一而後統。他的「一而後統」的概念，可歸納為下列五點：

(一) 確認一個中國原則。但這個中國是歷史的、文化的、未來的，現在是在分治狀態。

(二) 達到未來一個政治中國的方式，要分別尊重兩岸人民的意願。

(三) 在這兩個共識的情況下，維持雙方的體制不變，但建立過渡性的架構，以推動兩岸交流，並象徵走向統一的途徑。

(四) 在過渡期間，兩岸協議不與第三者聯合，做不利於對方的事。

(五) 切入建立過渡關係最有效的途徑，是通過共同簽署終止敵對狀態的協定。

四、兩岸三個圈子

沈君山把目前兩岸與國際情勢做了比喻：「其實是有三個圈子：台灣的圈子，本省人強勢，外省人弱勢；大中國的圈子，大陸強勢，台灣弱勢；世界的圈子，美國強勢，中國弱勢。一個圈子裡，大的、強勢的容讓著小的、弱勢的，才能團結融合。在更大的圈子裡，才更有競爭的力量。」

至於兩岸領導人應如何行動？他以圍棋「棄子爭先」的棋理比喻，「必須放棄一些，才有收穫」。

壯志未酬身已老

沈君山（父親沈宗翰，曾任農復會主任委員），浙江餘姚人，1932 年生於南京，1949 年來台，1955 年台大物理系畢業，1957 年赴美留學，得馬里蘭大學物理學博士後，先後在普林斯頓大學、太空總署、普渡大學擔任研究工作及任教。通俗性著作有《尋津集》（遠流出版）、《耕耘歲月》（正中書局出版）、《浮生三記》（九歌出版）等。

才華過人，文思敏捷的沈君山，嘗以「認知超先，經歷豐富，成果有限」十二個字，來總評自己的一生，認為在棋橋方面，花了極少力氣，得到很大的回報，出乎自己的意料；而在教育學術領域，則投入和收穫相當，清華與我兩不相負；惟獨兩岸關係，費了最大心力，卅年來「衣帶漸寬終不悔」，卻看不到「驀然回首，那人卻在燈火闌珊處」之境。「中國結」至今依然無解，令「認知超先」的沈君山不無「壯志未酬身已老」的惆悵，因為政治的事，沒有結果就沒有意義。持平而論，曾經充當「過河卒子」，拚命向前的沈君山，那「美好的仗已經打過」，雖不能「隻手挽狂瀾」，但夫復何求？夫復何憾！

（原載《僑協雜誌》，87 期，民國 93 年 6 月）

陳桂棣、吳春桃：《中國農民調查》

書　　名：中國農民調查
作　　者：陳桂棣、吳春桃
大 陸 版：北京人民文學出版社
出版時間：2004 年 1 月
頁　　數：460 頁
定　　價：人民幣 24 元
台 灣 版：大地出版社
出版時間：2005 年 1 月
頁　　數：510 頁
定　　價：新台幣 320 元

一、農民的痛苦向誰訴

中國是一個農業大國，13 億人口就有 9 億農民，可是，很久以來，農民在農村中的生存狀態究竟如何？絕大多數城市人並不清楚。只依稀記得，上個世紀 70 年代末，那場讓整個世界都為之震驚的「偉大」改革，是從農村開始的。自從農村實行了以「大包幹」為標誌的家庭聯產承包責任制以來，農業生產上連年獲得大豐收，農村很快冒出了許許多多「萬元戶」。一時間，中國農民好像已經富得流油了。然而，不久就發現，越來越多的農民，放棄了曾視為生命的土地，遠離了曾經日夜廝守的村落和熟悉的農事，寧可忍受寂寞、屈辱與歧視，也要湧進各地城市。於是，數以百萬計的中國農民掀起的「民工潮」，便一次又一次成為上個世紀最後十多年的一幅奇異的風景。

儘管中國大陸正經歷有史以來最為可觀的經濟擴張，卻也面臨1989 年「天安門民運」以來最難維持社會秩序的時刻。農民和工人在正常的宣洩管道受阻之後，往往爆發了激烈的群眾暴動。據警方統計數字顯示，2003 年大陸的抗議行動將近 6 萬起，比 2002 年增加了近 15%，是 10 年前的 8 倍。中共通常必須祭出戒嚴令並調動民兵，才能恢復秩序。抗議行動之所以層出不窮，部份源自於地方民眾針對資遣、土地徵收、天然資源使用、種族緊張、國家公帑誤用、被迫遷徙、拿不到工資或警察殺人等等事件，所表達的小小不滿。但是，幾起大規模的抗議行動，像萬州暴動，顯示動機不同的民眾如何抓住機會共同伸冤鳴怨。去年 11 月，四川有 10 萬農民，因為幾個月來，針對徵收他們土地的水壩計畫申訴未得到回應，憤而一連數日佔據漢源縣政府辦公室，並阻止水壩工地施工，當局動用一萬名部隊予以鎮壓，才平息事件。

二、農民心聲的代言人

《中國農民調查》是一本長篇報告文學，作者陳桂棣、吳春桃是一對夫婦。陳桂棣，安徽蚌埠人，中國作家協會會員，國家一級作家。1986 年開始從事專業創作，迄今已有長篇小說、報告文學、散文、電影劇本等近四百萬字作品問世，代表作品《悲劇的誕生》、《淮河的警告》曾獲首屆「魯迅文學獎」、「人民文學獎」和「當代」文學獎等獎項，並譯介到國外。

作者陳桂棣、吳春桃夫婦

吳春桃，筆名春桃，湖南醴陵人，畢業於南京大學中文系，創作涉及小說、散文、報告文學、電視劇等領域，代表作品《失憶的龍河口》、《民間包工》獲得過「當代」文學獎。夫婦兩人現均供職於合肥市文聯。

陳桂棣曾說：「作為一個作家和知識分子，應該對他們身處的社會盡責。」他是安徽人，從故鄉展開調查，跑遍安徽農村，把所見所聞農民悲苦的生活實相，化為廿萬字沈甸甸的《中國農民調查》。全書指名道姓，批判凌虐農民的貪官污吏，真是膽子練大了。春桃是湖南人，她的心和手中的筆一樣是熾熱的，問到他們處於專制的體制下，怎敢赤裸裸地揭露真相，她總回答：「湖南人愛吃辣，不怕事！」他們花了 3 年時間，深入安徽省 50 個縣的農村調查採訪，所撰寫的書揭露中國農民所遭受的欺壓、專制、腐敗、暴力以及不公平的稅賦等問題。書一出版後，引起巨大的震撼，高層立即下令不得廣宣和發行。被點名欺壓農民的官吏——安徽省阜陽市政協副主席張西德，在惱羞成怒之下，甚至一狀告了陳氏夫婦譭謗，官司還在進行中。成名和官司引來過多的關注，使他們在安徽老家已待不下去，只好搬到北京，安靜且專注地寫作，不畏艱難地寫下去。

三、挑動中共的敏感神經

本書榮獲德國尤里西斯國際報導文學獎（Lettre Ulysses Award for the Art of Reportage）首獎。中國大陸自 2004 年 1 月上市至今已暢銷 800 萬冊。它為什麼這樣暢銷？因為本書等於挑動了中共最敏感的神經，赤裸裸披露了改革開放下，9 億中國農民真實的生活困境。全書以數樁因農民負擔過重，奮起抗爭卻慘遭迫害的案件開場，記述了農村稅費改革的起因與推行的全部過程，字字真實，但卻句句怵目驚心，內容多是「禁區」和第一次披露的幕後新聞，所涉人物上自中央領導、地方大員，下至農村基層幹部、廣大農民，指名道姓，毫不隱瞞。不少人是哭著看完的。

本書除何西來的序和作者的引言外，共分十二章。為了讓讀者進一步瞭解，茲將章名開列如下：

第一章　殉道者

第二章　惡人治村

第三章　抗稅案件始末

第四章　漫漫上訪路

第五章　古老而沈重的話題

第六章　天平是怎麼傾斜的

第七章　達標形象工程及其他

第八章　弄虛作假之種種

第九章　尋找出路

第十章　天降大任

第十一章　破題

第十二章　敢問路在何方

就全書的結構來看，第一到第四章，以一系列惡性案件的發生為中心，具體展開農民在稅費重負的壓制下，生存的窘境，命途的多舛，那一幕幕血淚的情景，讓人有透不過氣來的感覺。作者以悲憤的筆觸，揭露了那些已經蛻變成邪惡勢力的村官鄉霸，橫行鄉里，魚肉百姓的暴行。當然也不忘交待，農民在忍無可忍情況下的上訪與抗爭。

第五章到第八章，作者專門就農民負擔過重的問題，進行了多方位、多層面的調查探尋與分析，通過這些調查和分析，人們看到農民負擔過

重只不過是冰山一角，僅是露出水面的部份。它聯繫著許多深層的、體制的、政策的缺陷與弊端，問題十分複雜而嚴峻，說穿了就是「幾十頂大蓋帽管一頂破草帽」。

農民的苦，除了稅費多如牛毛（僅中央一級的機關和部門制定的收費、基金、集資等項目，就有 93 項之多；而地方政府制定的收費項目，則多達 269 項；還有大量的無法統計的「搭車」收費），其名目之繁多，令人怵目驚心之外，最重要的是，在土地資源日漸減少而又增產有限的情況下，農民要養活愈來愈龐大的，已經形成特殊利益群體的鄉鎮幹部隊伍。鄉鎮除了沒有外交部外，工、農、商、兵、財、青、婦等二級機構一應俱全，基本上與中央機關沒有兩樣。廟多，菩薩就多。一般鄉鎮機關二、三百人，發達地區甚至達到八百至一千人。這些人不創造一文錢的產值和利潤，卻要發工資，還要發獎金，不僅要多拿，還要吃好、住好，還要蓋辦公樓、住宅樓，還要配備車輛、配備電話、配備大哥大。

俗話說：「龍多作旱」，一個萬能的、無所不包的政府，必然是一個低效能的政府。「食之者眾，生之者寡」這是當前農村的怪現象。據農業部農村經濟研究中心的估算，全國縣及縣以下需要農民出錢養活的幹部（不包括教師）有 1,316 萬 2 千人，平均每 68 個農民養活一個幹部。1987 年出版的《中國第三次人口普查資料分析》公佈了歷代中國官民的比例。

西漢　7945:1

東漢　7464:1

唐朝　2927:1

元朝　2613:1

明朝　2299:1

清朝　911:1

現代　67:1

至 1998 年，財政部又透露一個數字。漢朝 8 千人養一個官員，唐朝 3 千人養一個官員，清朝 1 千人養一個官員，現在則是 40 人養一個公務員。

由農民養活一個不受節制、日益膨脹的政府，終究會危及社會的穩定。根據歷史地理學家葛劍雄的研究，中國封建社會之所以發生週期性的動盪，是因為不種地的達官貴人、幕僚門客與種地的農民之間的數量比例發生著週期性的變化。這個比例大，社會經濟就相對穩定繁榮；這個比例小，社會經濟就凋零衰敗。農民起義，正是調整這個比例的手段。

有首打油詩云：「天上星多月不明，地上坑多路不平，人間官多不安寧。」講的其實都是一個道理。

毛澤東過去說過的一句名言「革命不是請客吃飯」，現在變成了「革命不是請客，就是吃飯」。農民編的順口溜入木三分地揭露了一些農村幹部，給黨風、給政府形象、給國家帶來的危害：

革命小酒天天醉，
喝壞了黨風喝壞了胃。
能喝啤酒喝飲料，這樣的幹部不能要；
能喝一斤喝八兩，這樣的幹部得培養；
能喝八兩喝一斤，這樣的幹部最放心。

誰說咱們窮？你看個個臉通紅；
誰說咱們差？出門就有桑塔納（汽車牌名）！

作者不是悲觀主義者，從第九到第十二章，他們通過對農業問題專家安徽何開蔭和河北楊文良的稅費改革主張的敘述，以及對他們關於農業體制綜合改革思路的評價，還有他們本人命運的沉浮，和在這沉浮中鍥而不捨的追求，表現了他們難能可貴的中國知識分子特有的濟世之心。

四、並非尾聲

自從 2000 年湖北監利縣棋盤鄉黨委書記李昌平在給國務院領導的信中說了「農民真苦，農村真窮，農業真危險」的話，深深觸動了時任總理的朱鎔基的心，並引起了中共中央的高度重視。自那以後，「三農」問題成了黨的各項工作的重中之重，也成為全中國人關注的焦點。然而，對於多數人來說，並不清楚「三農」問題到底嚴峻、緊迫、危險到何種程度。這一情況，直到今天仍然改變不大。

誠如何西來的「序」所說，這不是一本「報喜」的書，更不是一本粉飾昇平、貼金的書，而是一本把嚴酷的真實情況推向讀者、推向公眾的書，是一本無所隱諱地把「三農」問題的全部複雜性、迫切性、嚴峻性和危險性和盤托出的書。凡關心中國農民命運和中華民族興旺者，都不可不讀本書。

（原載《僑協雜誌》，91 期，民國 94 年 3 月）

作者著作目錄

陳三井

一、專著

1. 《近代外交史論集》，台北：學海出版社，民國 66 年 7 月，246 頁。
2. 《現代法國問題論集》，台北：學海出版社，民國 66 年 10 月，236 頁。
3. 《國民革命與臺灣》，台北：近代中國出版社，民國 69 年 10 月，253 頁。
4. 《中國國民黨與臺灣》，台北：中央文物供應社，民國 74 年 2 月，202 頁。
5. 《華工與歐戰》，台北：中央研究院近代史研究所，專刊（52），民國 75 年 6 月，257 頁。民國 94 年 8 月再版，257 頁。
6. 《勤工儉學的發展》，台北：東大圖書公司，滄海叢刊，民國 77 年 4 月，228 頁。
7. 《臺灣近代史事與人物》，台北：商務印書館，岫廬文庫（104），民國 77 年 7 月，280 頁。民國 97 年再版。
8. 《近代中法關係史論》，台北：三民書局，大雅叢刊，民國 83 年 1 月，306 頁。
9. 《近代中國變局下的上海》，台北：東大圖書公司，滄海叢刊，民國 85 年 8 月，280 頁。
10. 《中山先生與法國》，台北：台灣書店，民國 91 年 12 月，中山學術文化基金會叢書，217 頁。
11. 《中山先生與美國》，台北：學生書局，民國 94 年 1 月，中山學術文化基金會叢書，215 頁。

12. 《舵手與菁英——近現代中國史研究論叢》，台北：秀威資訊，民國97年7月，448頁。
13. 《中國躍向世界舞台——從參加歐戰到出席巴黎和會》，台北：秀威資訊，民國98年7月，224頁。

二、合著

1. 《鄭成功全傳》（與王曾才等合著），台北：台灣史蹟研究中心，民國68年6月，495頁。
2. 《中國的臺灣》（與陳奇祿等合著），台北：中央文物供應社，民國69年11月，386頁。
3. 《人類的歷史》（與吳圳義、莊尚武合著），台北：國立空中大學，民國76年3-5月，上冊，386頁；下冊，372頁。
4. 《近代中國青年運動史》（與李國祁等合著），台北：嵩山出版社，民國79年7月，389頁。
5. *The Guomindang in Europe: A Sourcebook of Documents*, co-author with Marilyn A. Levine, Institute of East Asian Studies, University of Berkeley, CRM52, 2000, 303p.

三、編著

1. 《勤工儉學運動》，台北：正中書局，民國70年11月，706頁。
2. 《台北市發展史》，台北：台北市文獻委員會，民國70-72年，第一冊，947頁；第二冊，1052頁；第三冊，1214頁；第四冊，1252頁。
3. 《羅浮博物館——世界博物館之十》，台北：出版家文化公司，民國71年11月，190頁。
4. 《六十年來的中國近代史研究》（與朱浤源、呂芳上合編），台北：中央研究院近代史研究所，特刊（1），上冊，民國77年6月，438頁；下冊，民國78年6月，453頁。

5. 《中國文明的精神》（三冊）（與王壽南等合編），台北：廣播電視事業發展基金會，民國 79 年 7 月，1050 頁。
6. 《郭廷以先生九秩誕辰紀念論文集》（二冊），台北：中央研究院近代史研究所，特刊（2），民國 84 年 2 月，上冊，398 頁；下冊，410 頁。
7. 《走過憂患的歲月——近史所的故事》，台北：中央研究院近代史研究所，特刊（4），民國 84 年 2 月，247 頁。
8. 《歐戰華工史料》（與呂芳上、楊翠華合編），台北：中央研究院近代史研究所，中國近代史資料彙編，民國 86 年 6 月，868 頁。
9. 《華僑與孫中山領導的國民革命學術研討會論文集》（與張希哲合編），台北：國史館，民國 86 年 8 月，646 頁。
10. 《居正先生全集》上、中、下三冊（與居蜜合編），台北：中央研究院近代史研究所，史料叢刊（40），民國 87 年 6 月－89 年 10 月，上冊 421 頁、中冊 1104 頁、下冊 876 頁。
11. 《加拿大華工訂約史料（1906-1928）》，台北：中央研究院近代史研究所，中國近代史資料彙編，民國 87 年 6 月，722 頁。
12. 《近代中國婦女運動史》，台北：近代中國出版社，民國 89 年 12 月，664 頁。
13. 《中華民國外交志》（與劉達人、周煦聯合主編），台北：國史館，民國 91 年 12 月，全一冊，1115 頁。

四、雜著

1. 《法國漫談》，台中藍燈公司，民國 65 年 12 月，237 頁。
2. 《學術的變形》，台中藍燈公司，民國 68 年 1 月，194 頁。
3. 《走過的歲月——一個治史者的心路歷程》，秀威世紀映像叢書 13，民國 96 年 5 月，195 頁。
4. 《青史留痕——一個台灣學者的大陸之旅》，秀威世紀映像叢書 18，民國 96 年 7 月，226 頁。
5. 《法蘭西驚艷》，秀威世紀映像叢書 33，民國 97 年 1 月，186 頁。

史地傳記類　PC0136

四分溪畔讀史

作　　者 / 陳三井
主　　編 / 蔡登山
責任編輯 / 邵亢虎
圖文排版 / 黃莉珊
封面設計 / 蕭玉蘋

發 行 人 / 宋政坤
法律顧問 / 毛國樑　律師
印製出版 / 秀威資訊科技股份有限公司
114 台北市內湖區瑞光路 76 巷 65 號 1 樓
電話：+886-2-2796-3638　傳真：+886-2-2796-1377
http://www.showwe.com.tw
劃撥帳號 / 19563868　戶名：秀威資訊科技股份有限公司
讀者服務信箱：service@showwe.com.tw
展售門市 / 國家書店（松江門市）
104 台北市中山區松江路 209 號 1 樓
電話：+886-2-2518-0207　傳真：+886-2-2518-0778
網路訂購 / 秀威網路書店：http://www.bodbooks.com.tw
國家網路書店：http://www.govbooks.com.tw
圖書經銷 / 紅螞蟻圖書有限公司
114 台北市內湖區舊宗路二段 121 巷 28、32 號 4 樓
電話：+886-2-2795-3656　傳真：+886-2-2795-4100

2011 年 3 月 BOD 一版
定價：290 元

國家圖書館出版品預行編目

四分溪畔讀史 / 陳三井著. -- 一版. -- 臺北市 :
秀威資訊科技, 2011.03
面 ; 公分. -- (史地傳記類 ; PC0136)
BOD 版
ISBN 978-986-221-696-5 (平裝)

1. 現代史 2. 中國史 3. 推薦書目 4.書評

016.628 99025950

讀者回函卡

感謝您購買本書，為提升服務品質，請填妥以下資料，將讀者回函卡直接寄回或傳真本公司，收到您的寶貴意見後，我們會收藏記錄及檢討，謝謝！

如您需要了解本公司最新出版書目、購書優惠或企劃活動，歡迎您上網查詢或下載相關資料：http:// www.showwe.com.tw

您購買的書名：________________________________

出生日期：________年________月________日

學歷：□高中（含）以下　□大專　□研究所（含）以上

職業：□製造業　□金融業　□資訊業　□軍警　□傳播業　□自由業

□服務業　□公務員　□教職　□學生　□家管　□其它_____

購書地點：□網路書店　□實體書店　□書展　□郵購　□贈閱　□其他

您從何得知本書的消息？

□網路書店　□實體書店　□網路搜尋　□電子報　□書訊　□雜誌

□傳播媒體　□親友推薦　□網站推薦　□部落格　□其他__________

您對本書的評價：（請填代號　1.非常滿意　2.滿意　3.尚可　4.再改進）

封面設計____　版面編排____　內容____　文／譯筆____　價格____

讀完書後您覺得：

□很有收穫　□有收穫　□收穫不多　□沒收穫

對我們的建議：________________________________

____

____

____

請貼
郵票

11466
台北市內湖區瑞光路 76 巷 65 號 1 樓

秀威資訊科技股份有限公司 收

BOD 數位出版事業部

....

（請沿線對折寄回，謝謝！）

姓　　名：＿＿＿＿＿＿＿＿　年齡：＿＿＿＿　性別：□女　□男

郵遞區號：□□□□□

地　　址：＿＿＿＿＿＿＿＿＿＿＿＿＿＿＿＿

聯絡電話：(日)＿＿＿＿＿＿＿＿(夜)＿＿＿＿＿＿＿＿

E-mail：＿＿＿＿＿＿＿＿＿＿＿＿＿＿＿＿